JN017642

小学校英語サポー

単元末テスト・
パフォーマンス
テストの
実例つき!

小 学 校

外国語活動 & 外国語の 新学習評価 ハンドブック

瀧沢 広人 著

明治図書

はじめに

　2020年度からの新教育課程により，評価も「学習評価」という文言が使われるようになりました。その背景には，次のような反省があります。

　学期末や学年末などの事後での評価に終始してしまうことが多く，**評価の結果が児童生徒の具体的な学習改善につながっていない**
（「児童生徒の学習評価の在り方について（報告）」中央教育審議会，2019，p.4下線筆者）

　また，学習評価を「小学校学習指導要領解説総則編」では，次のように解説しています。

　学習評価は，学校における教育活動に関し，児童の学習状況を評価するものである。「児童にどういった力が身に付いたか」という学習の成果を的確に捉え，教師が指導の改善を図るとともに，**児童自身が自らの学習を振り返って次の学習に向かうことができるようにする**ためにも，学習評価の在り方は重要であり，教育課程や学習・指導方法の改善と一貫性のある取組を進めることが求められる。（p.93下線筆者）

　このように，今までは「評価」と言っていたものを，児童の次の学習に活かしていこうという「学習のための評価」へのパラダイム転換がここに見られます。

　これが，評価の大きな変更点の１つ目です。

　２つ目は，「評定につながる評価」は，大きなまとまりごとに評価するということです。従来では，小刻みな評価を蓄積し，それを評定に結び付けていましたが，学習してすぐに身につくほど，簡単な学習はありません。学習にはある一定の期間を必要とし，その期間の習熟により，その時の児童の学

力を評価するものです。児童の学習状況の把握は，見届ける視点として日々行うものの，評定につながる評価は，例えば，単元の途中で１回，単元末に１回のように，回数を減らして行います。特に「知識・技能」のように，ある一定の期間を経て身につけるというものは単元末に児童の学力を把握するのでも構いません。また，「思考・判断・表現」では，児童の思考等の深まりが，随時変化向上していきますので，単元の途中の段階でも，現在の「思考・判断・表現」の様子を評価することができるでしょう。

　評価には，①診断的評価，②形成的評価，③総括的評価の３つがあります。診断的評価は，指導する前に行う学習状況の確認のための評価で，学習内容に関わる既習事項が，どの程度，児童によって理解されているのかを把握するためのものです。形成的評価は，児童の学習状況を把握し，評価し，修正し，次の指導に活かすことが主眼となります。今回の学習指導要領では，この形成的評価で教師が自身の指導を振り返るという点に加え，児童に学習状況を伝え，児童自身が学習調整力を図っていくために用いるということでは，学習評価であるといえます。総括的評価は，評価の蓄積により，見いだされた児童の学力の位置づけを数値等で表し，評定とします。

３つの評価と場面

　　（事前）　　　　　（指導過程）　　　（事後）

　診断的評価　→　形成的評価　→　総括的評価

　本書は，新学習指導要領を見据え，小学校における外国語活動及び外国語科の学習評価について，その評価事例を指導と絡めて，できるだけやさしく解説しようと試みた著書になります。「むずかしいことをやさしく，やさしいことをふかく，ふかいことをおもしろく…」は，作家，井上ひさしさんが残した言葉です。本書もそのように感じとってもらえれば，うれしく思います。どうか最後まで目を通していただき，実践に活かしていってください。

　2020年１月　　　　　　　　　　　　　岐阜大学教育学部　瀧沢広人

本書の使い方

Chapter 1 では，2020年度から始まる新しい小学校英語教育についての学習評価の方法・考え方について解説しています。新しい学習評価の考え方の下，**Chapter 2** では小学校3・4年生の外国語活動，**Chapter 3** では小学校5・6年の外国語の授業，それぞれにおける指導と評価について，「単元末テスト」「パフォーマンステスト」の例などを紹介しています。指導と評価が一体化し，指導したことがより正しく評価されるような評価づくりの参考になることを期待しています。

Chapter 2 では，見開き2ページで，目標から指導，指導から評価への流れを提示しています。外国語活動では，授業観察や振り返りカードによる児童の内面の把握が主な評価方法となります。

Chapter 3 では，外国語の授業における聞くこと，読むこと，書くことを踏まえた「単元末テスト」や，聞くこと・話すことの「パフォーマンステスト」等，高学年ならではの評価方法を紹介しています。

▼ **Chapter 2**（pp.28-29）

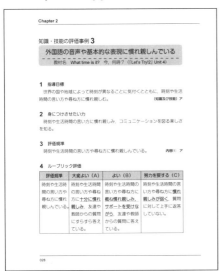
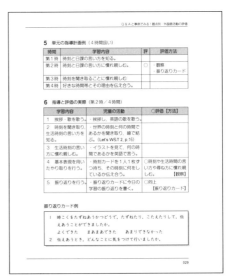

▼ Chapter 3 （pp.66-69）

Chapter 3

知識・技能の評価事例 5

アルファベット⑤ 小文字を書く

小学5・6年 書くこと

1 指導目標

アルファベットの小文字を書くことができるようにする。

書くこと ア

2 身につけさせたい力と評価

アルファベットの小文字26文字を書けるようにする。主な方法として①順番に26文字を書く、②教師の読み上げた文字を書く、③スペリングを聞いて小文字で書く、等の方法を用いながら、26文字の小文字をきちんと理解し、識別でき、書き表す力を身につける。様々な出題方法で、児童の小文字を書く力をぜひ確認しておきたい。

3 評価規準

アルファベットの小文字を書く技能を身に付けている。

内容1) イ-ア

4 ルーブリック評価

評価規準	大変よい（A）	よい（B）	努力を要する（C）
アルファベットの小文字を書く技能を身に付けている。	アルファベットの小文字をほぼ（90％以上＝約23文字）書いている。	アルファベットの小文字を概ね（80％＝約20～22文字）書いている。	左記以外。

066

学習指導要領との関連
（目標）〔5〕書くこと
　ア　大文字，小文字を活字体で書くことができるようにする。
（内容）知識及び技能
　イ　文字及び符号 (ア) 活字体の大文字，小文字

5 単元の指導計画（8時間扱い） ○評定につなげる評価 ●形成的評価

時間	学習内容	評	評価方法
第1時	【復習】⑤小文字を書く。・なぞった後、写し、自分で書く。		
第2時	【復習】小文字を書く。・なぞった後、写し、自分で書く。		
第3時	教師の読み上げた文字を聞いて小文字で書く。		
第4時	到達度を確認する。（中間評価）・教師が読み上げた文字を書く。	●	ペーパーテスト（ミニテスト）
第5時	補充学習① つまずきの見られた文字を練習する。		
第6時	補充学習② 小文字を書く。・（ ）に小文字を入れて書く。例）a（ ）c（ ）（ ）（ ）		
第7時	補充学習③ 予備テストを行う。（中間評価）・到達度を把握する。	●	ペーパーテスト（ミニテスト）
第8時	到達度を確認する。（単元末評価）	○	ペーパーテスト（単元末テスト）

067

Chapter 3

6 指導と評価の実際 中間評価（第4時／8時間）

学習内容	児童の活動	○評価【方法】
1 小文字の練習（3分）	・アルファベットカードを見て発音する。・バラバラに提示された文字を見て、発音する。	
2 確認テスト〈中間評価〉（12分）	・小文字がどのくらい書けるか確認テストを行う。	○アルファベットの小文字を書くことができる。【ペーパーテスト】

ミニテスト例
問題1 先生が読む文字を小文字で書きなさい。
　① 　② 　③ 　④ 　⑤
問題2 つづりを聞きとって、単語を書きなさい。
　① 　② 　③ 　④
問題3 アルファベット順になるように、（ ）に小文字を書きましょう。
　a（ ）c（ ）（ ）fg（ ）ij k（ ）m（ ）op（ ）（ ）st（ ）vw（ ）y（ ）

3 振り返り（5分）	・教師が黒板に書いた答えを見て、丸つけを行う。・1問5点100点満点で点数をつける。・振り返りと今後の課題を考える。	

音声スクリプト
問題1 ①s ②t ③g ④h ⑤f
問題2 ①cat ②dog ③lion ④quiz（←つづりを読み上げる）
　　例）c-a-t

068

---

7 評価例「単元末テスト」

外国語評価テスト

問題1 発音される文字を聞いて、単語を完成させなさい。
　　　答えはすべて、アルファベットの小文字で書きなさい。
　①　　　　　　　　　　②

問題2 次の大文字をすべて小文字で書きなさい。

　① BED

　② JAM

　③ QUEEN

問題3 アルファベットのぬけている文字を書きなさい。
　a ＿ c ＿ e ＿ ＿ h i j k ＿ m
　o p ＿ ＿ s t ＿ v w x ＿ z

音声スクリプト 問題1 No.1 d-o-g No.2 s-o-c-c-e-r

069

目次

Chapter 1
Q＆Aでみる！
学習指導と評価の考え方

Chapter 2
Q＆Aと事例でみる！
観点別・外国語活動の評価

Chapter **3**
Q＆Aと事例でみる！
観点別・外国語の評価

Contents

Q1
そもそも，評価の目的って何ですか？

 評価の究極の目的は，児童を励ますためにあります。

そもそも評価の目的って何でしょうか。

1つ目は，**学習者の能力を測ること**です。指導目標に照らし合わせ，学習者の能力がどのあたりであるのかを評価することが1つの目的になります。例えば，「知識・技能」の観点で，基本表現を用いた言語活動において，I can play soccer. と語順や文構造を正しく使用できていればA評価となり，児童同士のやり取りの中で，*I can soccer. と言っていた場合は，努力を要するC評価となります。特に，外国語の5・6年生では，「できる評価」ですので，児童の定着の度合いを適切に評価する必要が出てきます。

2つ目は，評価をすることで，**学習者がさらに勉強しようと思う意欲を駆り立てること**です。いわゆる**励ます評価**です。評価することで，逆に，学習者の意欲が減退してしまったら意味がありません。もし仮に，マイナスの評価をしたら，「ここをこうするとよくなるよ」という改善策を伝えなくてはいけません。例えば，カタカナ発音をしている子に対しては，次のように評価し，どうするとよくなるかも合わせて指導するとよいでしょう。

T：英語では，強勢って言って，強く発音するところがあるんだ。I like ランニング．と言っていたけど，ラを強めて，running となります。
C：I like running.
T：Good. そう。今のような感じ，もう一回，言ってごらん。
C：I like running.
T：そう！running と ru を強めます。

Q₂ 「目標」と「ねらい」はどう違うの？

 A 目標に近づくために，ねらいがあります。

教育の世界には，「目標とねらい」「ねらいとめあて」など似たような言葉があります。では「目標」と「ねらい」はどう違うのでしょう。

よく例えられることとして，目標は「的（まと）」，ねらいは「的（まと）のどの部分を指すか」と言い表されます。

例えば，日課を取り上げている単元の目標は，「時刻を入れて1日の日課を尋ねたり，答えたりする」となっており，これが大きな的（＝目標）となります。そして，本時では，この大きな目標のどの部分を扱うのかを示すのが，「ねらい」となります。例えば，「今日は，頻度を表す言葉を入れながら，日課を伝えよう」となります。つまり，I usually get up at 6:30. I sometimes go to bed at 10:00. のように，今日は，頻度を表す言葉を入れて言えるようになるということを目指し，学習をします。これが大きな的の一部（＝ねらい）となります。

では，「めあて」とは何でしょうか。筆者の解釈では，目標やねらいを達成するための学習に向かう態度や方法・手段を，児童の目線から見た文言ということになります。なので基本的に，目標やねらいは共通しているものであり，めあては児童1人1人違ってもよいのではないかと考えます。

整理すると，次のような階層になるでしょうか。

| 単元の目標 | 日課を尋ねたり，答えたりする。 |

↓

| 本時のねらい | 頻度を表す言葉を入れながら日課を伝えよう。 |

↓

| めあて | （例）頻度を表す言葉を入れるのを忘れないようにする。 |

Q₃
評価で気を付けなければいけないことは？

 A **評価自体の妥当性と信頼性です。**

　評価には，評価の妥当性と信頼性の２つが必要です。この評価をすると児童の適切な学力が測れるという「妥当性」と，この評価を複数回，または複数の人に実施しても，同じような結果が出るという「信頼性」です。例えば，同じパフォーマンステストをしても，AさんとBさんで，異なった評価観点で評価していたら評価の信頼性は揺らぎます。また，「思考・判断・表現」の能力を測りたいのに，児童が *I can soccer. と言ったために，評価がCとなってしまったら，それは，「思考・判断・表現」でなく，「知識・技能」で評価していることになります。このように，行う評価に，評価の妥当性と信頼性があるかどうかが大切になってきます。

　あともう１つ，大事なことがあります。それは，**評価は指導したことに対して評価する**ということです。よく「指導と評価の一体化」と言われますが，指導もしていないのに，指導していない項目を評価することはできません。指導したことに対して，児童の学習状況はどうなのか把握するのが評価です。また実は，一体化とは，指導と評価だけではありません。目標も一体化されていなければなりません。小学校６年生に将来の夢を語る単元があります。その単元における「思考力・判断力・表現力等」の目標が，仮に，「将来なりたいものやしたいことについて伝え，たずね合う」であるならば，必然的に，評価は，「将来なりたいものやしたいことについて伝え，**たずね合っている**」が評価記述の基本となります。ここで，目標と評価のベースとなる文言が変わってしまったら，ダメだというわけです。

目標　「将来なりたいものやしたいことについて伝え，たずね合う」
　　　⬇ ←指導
評価　「将来なりたいものやしたいことについて伝え，**たずね合っている**」

Q4 評価規準作成のポイントは？

 目標の文言をベースに，肉付けをします。

◆評価規準に盛り込む内容は？

　目標に対峙したところに，評価の根幹があります。そこから評価規準を作成していきます。国立教育政策研究所では，思考・判断・表現の評価規準例を次のように示しています。

【話すこと［やり取り］の評価規準の設定例】

> 　新しくやってきた ALT のことを理解したり自分のことを伝えたりする
> 　　　　目的等
> ために，自分や相手のことについて，簡単な語句や基本的な表現を用い
> 　　　　事柄・話題
> て，自分の考えや気持ちなどを伝え合っている。
> 　　　　内容

「指導と評価の一体化」のための学習評価に関する参考資料（小学校，中学校）（評価規準の作成及び評価方法の工夫等）【案】　第２編

◆評価規準を作成する

　お分かりのとおり，思考・判断・表現では，「目的」「事柄・話題」「内容」の３つを入れます。「将来の夢」の単元で，思考・判断・表現で，評価規準を作成すると，次のようになります。

・目　　標　　将来なりたいものやしたいことについて伝え，たずね合う。

　　　　　　　　　　　　↓

・評価規準　　自分の将来の夢を広げたり，視野を広げたりするために（目的），将来なりたいものやしたいことについて（事柄・話題），簡単な語句や基本的な表現を用いて，友だちと自分の考えや気持ちなど（内容）を伝え，たずね合っている。

Q5
「知識・技能」の評価ポイントは？

 A 理解している部分と，表現できる部分の両者を評価します。

　「知識・技能」は，従来の「知識・理解」という観点に，「技能」という観点が合わさり，当然ながら，「理解しているか」と「その知識を活用して正しく言い表すことができるか」という二面性を評価しなくてはいけません。下に，外国語活動及び外国語の「知識・技能」の評価観点の趣旨を載せます。

【外国語活動】*1

○外国語を通して，言語や文化について体験的に理解を深めている。

○日本語と外国語の音声の違い等に気付いている。

●外国語の音声や基本的な表現に慣れ親しんでいる。

【外国語】*2

○外国語の音声や文字，語彙，表現，文構造，言語の働きなどについて，日本語と外国語との違いに気付き，これらの知識を理解している。

●読むこと，書くことに慣れ親しんでいる。

●外国語の音声や文字，語彙，表現，文構造，言語の働きなどの知識を，聞くこと，読むこと，話すこと，書くことによる実際のコミュニケーションにおいて活用できる基礎的な技能を身に付けている。

（○は知識，●は技能）

---

*1　『学習評価の在り方ハンドブック　小・中学校編』
*2　「各教科等・各学年等の評価の観点等及びその趣旨（小学校及び特別支援学校小学部並びに小学校及び特別支援学校中学部）」（平成31年4月4日）

　ここからも分かる通り，「言語や文化等」の<u>理解</u>と，「語句や基本表現，読み書き」の<u>慣れ親しみ</u>，「実際のコミュニケーションにおいて活用できる」基礎的な技能の<u>習得</u>，の3つとなります。特に，中学年では，技能と言っても，慣れ親しみの状況を評価することが「知識・技能」の評価となり，正しく言えるかどうかの習得を意図しているものではありません。

Q6
「思考・判断・表現」の評価ポイントは？

 主に，正確さよりも，言語理解・使用の適切性を評価します。

「思考・判断・表現」を評価したい場合は，例えば，「聞く・話す」であれば，児童に「伝え合う場面」を設定し，その中で，児童が聞いたり，話したりして，どのように伝え合っているかどうかを評価すればいいのです。語句や表現使用の正確性は，主な評価対象とはしません。語句や表現が正しく言えているかどうかは，「知識・技能」の評価となります。下に，外国語活動及び，外国語の「思考・判断・表現」の評価観点の趣旨を載せます。

【外国語活動】＊1
○身近で簡単な事柄について，外国語で聞いたり話したりして自分の考えや気持ちなどを伝え合っている。

【外国語】＊2
○コミュニケーションを行う目的や場面，状況などに応じて，身近で簡単な事柄について，聞いたり話したりして，自分の考えや気持ちなどを伝え合っている。

●コミュニケーションを行う目的や場面，状況などに応じて，音声で十分慣れ親しんだ外国語の語彙や基本的な表現を推測しながら読んだり，語順を意識しながら書いたりして，自分の考えや気持ちなどを伝え合っている。

（○は「聞く・話す」，●は「読む・書く」の観点）

＊1 『学習評価の在り方ハンドブック　小・中学校編』
＊2 「各教科等・各学年等の評価の観点等及びその趣旨（小学校及び特別支援学校小学部並びに小学校及び特別支援学校中学部）」（平成31年4月4日）

○印は，実際に「聞く・話す」による観察やパフォーマンス評価，●印は成果物またはワークシート評価，ペーパーテストで測ります。

Q7
「主体的に学習に取り組む態度」の評価ポイントは？

 ２つの視点を合わせて児童の学習の様子を評価します。

　主体的に学習に取り組む態度の評価のイメージは次のように表されます。
１つは，「粘り強い取組を行おうとする側面」と「自らの学習を調整しよう
とする側面」の２つです。

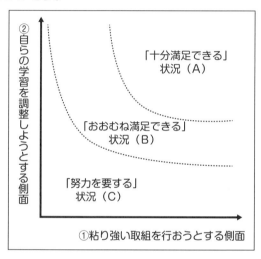

『学習評価の在り方ハンドブック　小・中学校編』文部科学省　国立教育政策研究所教育課程研
究センター，2019

　２つの視点の両方が，Ｂ評価（おおむね満足）であれば，評価はＢとなり，
どちらか片方がＡ評価（十分満足できる）で，もう片方がＢ評価（おおむね
満足できる）であれば，その交差した部分の位置により，評価はＢというこ
ともあり得るということになります。その視点の割合は，教師があらかじめ
設定しておくことが必要です。
　ここでの評価は，主に，振り返りカードでの児童の記述や，授業中の観察
により評価をすることができます。

Q1
外国語活動の評価観点と趣旨とは？

A 　　　評価事例に入る前に，外国語活動（3・4年生）の評価観点の趣旨を確認しておきましょう。文部科学省より，外国語活動の評価観点の趣旨は，次のように示されています。

【知識・技能】

（知識）

・外国語を通して，言語や文化について体験的に理解を深めている。

・日本語と外国語の音声の違い等に気付いている。

（技能）

・外国語の音声や基本的な表現に慣れ親しんでいる。

【思考・判断・表現】

　身近で簡単な事柄について，外国語で聞いたり話したりして自分の考えや気持ちなどを伝え合っている。

【主体的に学習に取り組む態度】

　外国語を通して，言語やその背景にある文化に対する理解を深め，相手に配慮しながら，主体的に外国語を用いてコミュニケーションを図ろうとしている。

『学習評価の在り方ハンドブック　小・中学校編』

つまり，これらの視点により，児童の学力を評価すればよいわけです。では，どのように評価したらよいのでしょうか。

Q2
評価方法・評価場面は？

A 　「知識・技能」で考えてみましょう。観点の趣旨に，「外国語を通して，言語や文化について体験的に理解を深めている」があります。ですから，「言語や文化について<u>理解が深まっているかどうか</u>」を評価すればいいわけです。小学校３年生の教材に，「I like blue. すきなものをつたえよう（Let's Try!1, Unit 4）」があります。ここでは虹の色が出てきます。虹の色は日本では７色であると考えますが，国によっては６色または５色，さらに４色，３色と捉える国や地域があります。このことに触れることで，「**同じものでも色々な人によって，見方や考え方が異なっている**」ということを児童は学ぶことになります。小学校３年生のように，低年齢であればあるほど，自分と違うことに抵抗感を持たず，異文化を自然に受け止める特性があります。

　では，その理解をどのような方法で，確認したらよいでしょうか。評価には，評価するにふさわしい妥当性があります。次の表は，外国語活動における評価観点とその評価方法を表したものです。通常は，「知識・技能」や「思考・判断・表現」の評価方法としてペーパーテストは妥当性があるものと考えられますが，外国語活動では，目標や評価観点の趣旨と照らし合わせ，ペーパーテストは適しているとは考えられず，不可（×）としています。

表1 「外国語活動」における評価観点と評価方法

	知識	技能	思・判・表	主・態度
ペーパーテスト	×	×	×	×
授業観察	○	○	○	◎
パフォーマンステスト（実技）	×	◎	◎	○
ワークシート	○	×	×	×
振り返りカード（自己評価）	◎	○	○	◎

◎主として評価方法となるもの　○場合によっては評価方法となるもの

Q3
どうやって評価するの？

A 　前述の表1において，「言語や文化について理解を深めている」を「授業観察・ワークシート・振り返りカード」の3つの評価方法とし，その中で，筆者は，「振り返りカード（自己評価）」の記述内容を主評価（◎）とし，「授業観察」及び「ワークシート」による評価は参考評価（○）と考えました。では，振り返りカード（自己評価）で，「言語や文化について理解を深めている」を評価するとしたら，児童の記述のどこをどうやって評価したらよいでしょうか。そこで登場するのが，ルーブリック（評価基準）です。一例を示します。

　「言語や文化について理解が深まっている」を本単元の目標に照らし合わせると，評価規準は次のようになり，それに基づいて作った基準が表2です。

目　　標	世界には色々な虹の色があるということを知り，世の中には，多様な考え方があることに気付く。
評価規準	世界には色々な虹の色があるということを知り，世の中には，多様な考え方があることに気付いている。

表2　Let's Try!1 Unit 4「言語や文化」ルーブリック評価表

評価規準	大変よい（A）	よい（B）	努力を要する（C）
世界には色々な虹の色があるということを知り，世の中には，多様な考え方があることに気付いている。	世界には色々な虹の色があることに気付き，<u>同じものでも人によって，見方や考え方が異なることに気付いている。</u>	世界には色々な虹の色があるということに気付いている。	左記のような記述が見られない。

Q4
評価に導くための振り返りカードは？

A 　無目的に振り返りカードを書かせても，教師の意図した評価は得られません。教師が児童の学習状況を把握するために，振り返りカードの記載事項も，意図的でなくてはいけません。

　では，振り返りカードに，どのように書かせたらいいのでしょうか。

　例えば，次のように自由に記述させ，その記述内容から，ルーブリックと照らし合わせ，評価していくという方法があります

振り返りカード例

> 　今日のじゅ業でやった「にじの色」について，わかったことや気づいたこと，思ったことを書きましょう。
>
>

　また，次のように細かく項目を設けてもよいでしょう。

振り返りカード例

> １　せかいには，にじの色を，いろいろな色でひょうげんすることがわかりましたか。
>
>
>
> 　　よくわかった　　　わかった　　　よくわからない
>
> ２　せかいのにじの色から，なにかわかったことや，気づいたこと，思ったことを書いていきましょう。

Q5
何を評価したらいいの？

A 　何を評価してよいか分からない場合は，観点趣旨を細分化します。例えば，外国語活動の「知識・技能」の評価では，「外国語の音声や基本的な表現に慣れ親しんでいる」とあります。ここには２つの内容が入っていますのでこれを分けて考えます。すると，「音声への慣れ親しみ」と「基本的な表現への慣れ親しみ」の様子を評価すればいいと分かり，必然的に評価場面も見えてきます。

表3 「外国語の音声や基本的な表現に慣れ親しんでいる」の細分化

観点の趣旨	評価場面
外国語の**音声**に慣れ親しんでいる	授業観察 振り返りカード
外国語の**基本的**な表現に慣れ親しんでいる	授業観察 振り返りカード

　小学校３年生 Unit 4「I like blue.」(Let's Try!1) では，「好きなもの」「好きでないもの」を言ったり，「好きかどうか」を尋ねたりする活動があります。そこで，振り返りカードでは，「基本的な表現への慣れ親しみ」の部分を取り上げ，次のように児童に尋ねてみるのはどうでしょうか。

振り返りカード例

```
１　「じぶんの好きなもの」を，友だちに，たくさん伝えようとしましたか。
　　　たくさんつたえようとした　　つたえた　　あまりつたえられなかった
２　好きなものを友だちと伝え合って，きづいたことや思ったことを書いて
　　みましょう。
　　┌─────────────────────────────────────┐
　　└─────────────────────────────────────┘
```

Q6
評価の見通しをたてるには？

A 　さて，評価をすると言っても，１つの単元で，いくつも評価はできません。まして，外国語活動では，１単元，２時間～５時間という短い時間数です。すべての評価をいくつも行うのは現実的ではありません。最も大切にしなくてはいけないことは，きちんと「指導する」ということです。「目標・指導と評価の一体化」と言っても，指導することが優先であって，評価は２次的な教育活動です。しかし，その２次的な教育活動とは言え，行き当たりばったりな評価では，児童に確かな学力は身につきません。どのように評価を行い，年間を通じての単元間の「評価のバランス」を保ちながらの評価計画作成は大切です。「Let's Try!1」の Unit 4「I like blue.（すきなものをつたえよう）」を例に，評価計画を立ててみましょう。

　この評価計画では，評定に結び付ける評価場面を７回設けました。

　１つ目は，「知識・技能」で，第１時に，世界の虹の色の話題から，「多様なものの見方・考え方」を評価します。第４時には，慣れ親しみの観点で評価します。

　２つ目は，「思考・判断・表現」では，第４時の自己紹介をしている場面で評価します。

　３つ～６つ目は，「主体的に学習に取り組む態度」は，毎時間の振り返りカードによる評価を行い，「間違いを恐れず英語を話そうとしている姿」を評価します。これは「粘り強い取組を行おうとする側面」を評価するものです。

　このように，外国語活動では，週に１時間しかありませんし，単元でも時間数は少ないため，評価場面を限定し，指導事項を明確にします。

　なお，Unit 4 は，２学期教材になるかと思いますので，同様な評価計画を Unit 5 や Unit 6 と作り，３つの評価観点をバランスよく配置し，評価資料の累積をしておくことが，児童・保護者への説明責任に答える外国語活動の評価となります。

評価計画（例）

Unit 4　I like blue.（すきなものをつたえよう）（「Let's Try!1」文科省）

評定に結び付ける評価（◎）　見届ける視点（・）

	知識・技能	思考・判断・表現	主体的に学習に取り組む態度
第1時	◎虹の色を題材に、多様な考え方があることに気付いている。 （授業観察） （振り返りカード） ・自分の好きな色を伝える表現に慣れ親しんでいる。		◎間違いを恐れず、英語を話そうとしている。 （授業観察） （振り返りカード）
第2時	・自分の好きでないものについて伝える表現に慣れ親しんでいる。		同上
第3時	・好きかどうか尋ねたり、答えたりする表現に慣れ親しんでいる。		同上
第4時	◎好きなものを言ったりする表現に慣れ親しんでいる姿が見られる。 （授業観察）	◎相手に配慮しながら、好きなものを言って、自己紹介をしている。 （授業観察）	同上

評価計画（例）参考までに，Unit 5 での評価計画例も載せておきます。

Unit 5　What do you like?（何がすき？）（「Let's Try! 1」文科省）

評定に結び付ける評価（◎）　見届ける視点（・）

	知識・技能	思考・判断・表現	主体的に学習に取り組む態度
第1時	◎日本語と英語では音声や単語に違いがあることに気付き，英語の言い方に慣れ親しんでいる。 （授業観察） （振り返りカード）		◎英語での言い方に発音に気をつけ，英語らしく言おうとしている。 （授業観察） （振り返りカード）
第2時	・何が好きかを尋ねる表現に慣れ親しんでいる。		同上
第3時	・何が好きかを尋ねる表現に慣れ親しんでいる。		同上
第4時	◎好きなものをテーマにした話題で表現について慣れ親しんでいる姿が見られる。	◎食べ物や色，スポーツ等について，友だちに好きなものを尋ねたり，自分の好きなものを答えたりして，伝え合っている。 （授業観察）	同上

知識・技能の評価事例 **1**

言語や文化について体験的に理解を深めている

教材名　How many?　数えて遊ぼう（「Let's Try!1」Unit 3）

1　指導目標

　日本と外国の数の数え方の違いから，多様な考え方があることに気付き，
1 から20までの数の言い方や数の尋ね方に慣れ親しむ。

〔知識及び技能〕イ-(イ)

2　身につけさせたい力

　世界には多様な考え方があることを受け入れる。

3　評価規準

　日本と外国の数の数え方の違いから，世界には多様な考え方があることを
理解している。

内容(1)　イ-(イ)

4　ルーブリック評価

評価規準	大変よい（A）	よい（B）	努力を要する(C)
日本と外国の数の数え方の違いから，世界には多様な考え方があることを理解している。	日本と外国の数の数え方に違いがあることに気付き，**世界には色々な考え方があることを考えている。**	日本と外国の数の数え方に違いがあることを理解している。	左記記述以外は，この評価に関しては，評価不能のため，空白評価とする。

5　単元の指導計画例（4時間扱い）

時間	学習内容	評	評価方法
第1時	1〜20の数字に慣れ親しむ。		
第2時	How many の表現を知る。		
第3時	色々な数の数え方に気付く。	○	・観察 ・振り返りカード
第4時	How many のやり取りに慣れ親しむ。		

6　指導と評価の実際（第3時／4時間）

学習内容	児童の活動	○評価【方法】
1　挨拶・復習をする。	・1〜20の数字を振り返る。 ・ジャンケンゲームをする。	
2　世界には，多様な考えがあることを知る。	・映像を見て，数の数え方で気付いたことや思ったことを発表する。 ・多様な考えがあることに気付く。	○日本と外国の数の数え方の違いから，世界には多様な考え方があることを理解している。 【観察】
3　How many の表現を知る。	・チャンツや Let's Play3 を行い，How many の表現を知る。	
4　振り返りを行う。	・振り返りカードに今日の学習の振り返りを書く。	○同上 【振り返りカード】

振り返りカード例

○今日のじゅ業をふりかえって，わかったこと，気づいたこと，思ったことを書きましょう。

[　　　　　　　　　　　　　　　　　　　　　　　　　]

知識・技能の評価事例 **2**

日本語と外国語の音声の違い等に気付いている

教材名　ALPHABET　アルファベットとなかよし（「Let's Try!1」Unit 6）

1　指導目標

　アルファベット文字の正しい発音の仕方について気付き，その読み方に慣れ親しむ。　　　　　　　　　　　　　　　　　　　　　〔知識及び技能〕イー㋐

2　身につけさせたい力

　日本語と英語ではアルファベットの発音が違うことに気付き，正しい英語の発音でアルファベットを言おうとする。

3　評価規準

　日本語と英語の発音の違いに気付き，アルファベットの発音の仕方について理解している。　　　　　　　　　　　　　　　　　　　　内容(1)　イー㋐

4　ルーブリック評価

評価規準	大変よい（A）	よい（B）	努力を要する(C)
日本語と英語の発音の違いに気付き，アルファベットの発音の仕方について理解している。	<u>日本語との比較の中で</u>，アルファベットの文字の正しい発音の仕方について気付き，<u>文字の発音を正しく言おうとしている。</u>	アルファベットの文字の正しい発音の仕方について気付いている。	左記記述以外は，この評価に関しては，評価不能のため，空白評価とする。

5　単元の指導計画例（4時間扱い）

時間	学習内容	評	評価方法
第1時	アルファベットの読み方の違いに気付き，発音する。	○	・観察 ・振り返りカード
第2時	身の周りで使われている大文字を読む。 （例：ATM, NHK, JR, LAWSON 等）		
第3時	大文字の仲間分けを行う。		
第4時	頭文字カードの交換を行う。		

6　指導と評価の実際（第1時／4時間）

学習内容	児童の活動	○評価【方法】
1　挨拶・歌を歌う。	・挨拶し，歌を歌う。	
2　アルファベットの文字の正しい発音の仕方に気付く。	・日本語のアルファベット発音と英語の発音の仕方の違いに気付く。 ・ALT の後に繰り返す。	○アルファベットの文字の正しい発音の仕方について理解している。【観察】
3　発音ピラミッド活動を行い，発音の違いに慣れ親しむ。	・文字を聞き取るゲームを通して，発音の違いに慣れ親しむ。	
4　振り返りを行う。	・振り返りカードに今日の学習の振り返りを書く。	○同上【振り返りカード】

振り返りカード例

> 1　アルファベットの読み方で，むずかしかった文字はどれですか。○をしてみましょう。
>
> 　A B C D E F G H I J K L M N O P Q R S T U V W X Y Z
>
> 2　じゅ業をふりかえって，わかったこと，気づいたこと，思ったことを書きましょう。

知識・技能の評価事例 **3**

外国語の音声や基本的な表現に慣れ親しんでいる

教材名　What time is it?　今，何時？（「Let's Try!2」Unit 4）

1　指導目標

　世界の国や地域によって時刻が異なることに気付くとともに，時刻や生活時間の言い方や尋ね方に慣れ親しむ。　　　　　　〔知識及び技能〕ア

2　身につけさせたい力

　時刻や生活時間の言い方に慣れ親しみ，コミュニケーションを図る楽しさを知る。

3　評価規準

　時刻や生活時間の言い方や尋ね方に慣れ親しんでいる。　　　　内容(1)　ア

4　ルーブリック評価

評価規準	大変よい（A）	よい（B）	努力を要する（C）
時刻や生活時間の言い方や尋ね方に慣れ親しんでいる。	時刻や生活時間の言い方や尋ね方に**十分に慣れ親しみ**，友達や教師からの質問にすらすら答えている。	時刻や生活時間の言い方や尋ね方に**概ね慣れ親しみ，サポートを受けながら**，友達や教師からの質問に答えている。	時刻や生活時間の言い方や尋ね方に**慣れ親しみが弱く**，質問に対して上手に返答していない。

5 単元の指導計画例（4時間扱い）

時間	学習内容	評	評価方法
第1時	時刻と日課の言い方を知る。		
第2時	時刻と日課の言い方に慣れ親しむ。	○	・観察 ・振り返りカード
第3時	時刻を聞き取ることに慣れ親しむ		
第4時	好きな時間帯とその理由を伝え合う。		

6 指導と評価の実際（第2時／4時間）

学習内容	児童の活動	○評価【方法】
1 挨拶・歌を歌う。	・挨拶し，英語の歌を歌う。	
2 時刻を聞き取り，生活時刻の言い方を知る。	・世界の時刻と何の時間であるかを聞き取り，線で結ぶ。(Let's W&T 2, p.16)	
3 生活時刻の言い方に慣れ親しむ。	・イラストを見て，何の時間であるかを英語で言う。	
4 基本表現を用いたやり取りを行う。	・時刻カードを1人1枚ずつ持ち，その時刻に何をしているか伝え合う。	○時刻や生活時間の言い方や尋ね方に慣れ親しむ。 【観察】
5 振り返りを行う。	・振り返りカードに今日の学習の振り返りを書く。	○同上 【振り返りカード】

振り返りカード例

> 1 時こくをたずねあうかつどうで，たずねたり，こたえたりして，伝えあうことができましたか。
>
> 　　よくできた　　まあまあできた　　あまりできなかった
>
> 2 伝えあうとき，どんなことに気をつけて行いましたか。

思考・判断・表現の評価事例 **4**

> # 自分の考えや気持ちなどを伝え合っている
> -
> 教材名　What do you like?　何がすき？（「Let's Try!1」Unit 5）

1　指導目標

　好きなものや嫌いなものを尋ねたり答えたりして，自分の考えや気持ちを伝え合う。　　　　　　　　　　〔思考力，判断力，表現力等〕⑵　ア

2　身につけさせたい力

　既習事項を用いて，思いを尋ねたり伝えたりする。

3　評価規準

　好きなものや嫌いなものを尋ねたり答えたりして，自分の考えや気持ちを伝え合っている。　　　　　　　　　　　　　　　　　　内容⑵　ア

4　ルーブリック評価

評価規準	大変よい（A）	よい（B）	努力を要する（C）
好きなものや嫌いなものを尋ねたり答えたりして，自分の考えや気持ちを伝え合っている。	好きなものや嫌いなものを尋ねたり答えたりする活動において，<u>十分に</u>自分の考えや気持ちを伝えている。	好きなものや嫌いなものを尋ねたり答えたりする活動において，<u>サポートを受けながら</u>自分の考えや気持ちを伝えている。	活動において，どのような表現を使えばよいか分からず，<u>サポートを受けても，自分の考えや気持ちをうまく伝えていない</u>。

5 単元の指導計画例（4時間扱い）

時間	学習内容	評	評価方法
第1時	外来語と英語の音声の違いに気付く。		
第2時	「～が好き」の言い方に慣れ親しむ。		
第3時	「～が好きですか」の表現に慣れ親しむ。		
第4時	好きなものを伝え合う。	○	・観察 ・振り返りカード

6 指導と評価の実際（第4時／4時間）

学習内容	児童の活動	○評価【方法】
1 挨拶・復習をする。	・挨拶し，何が好きか尋ねる表現の復習を行う。	
2 基本表現の確認を行う。	・映像を見て表現を確認する。（Let's W & T, p.21）	
3 好きなものを尋ねたり答えたりする。	・好きなものを尋ね合う。 ・1人目は隣の児童，2人目は前後の児童，3人目以降は，自由に立って行う。（Activity 2, p.21）	○好きものや嫌いなものを尋ねたり答えたりして，自分の考えや気持ちを伝え合っている。【観察】
4 振り返りを行う。	・振り返りカードに今日の学習の振り返りを書く。	○同上【振り返りカード】

振り返りカード例

1 すきなものや，きらいなものについて，たずねたり答えたりしましたか。
じょうずにできた　できた　まあまあできた　できなかった
2 すきなものをつたえあうかつどうで，あなたががんばったことは何ですか。

思考・判断・表現の評価事例 **5**

自分の考えや気持ちなどを伝え合っている

教材名　I like Mondays. すきな曜日は何かな？（「Let's Try!2」Unit 3）

1　指導目標

曜日クイズで日課を伝え合った後，質問したり答えたりする。

〔思考力，判断力，表現力等〕⑵　イ

2　身につけさせたい力

既習事項を用いて，思いや考えを尋ねたり答えたり話を続けようとする。

3　評価規準

曜日クイズで日課を伝え合った後に，質問したり，答えたり話を続けている。

内容⑵　イ

4　ルーブリック評価

評価規準	大変よい（A）	よい（B）	努力を要する（C）
曜日クイズで日課を伝え合った後，質問したり，答えたりして話を続けている。	曜日クイズで日課を伝え合った後，**質問したり**答えたり，反応したり，感想を言ったりしている。	曜日クイズで日課を伝え合った後，<u>友達が質問したり答えたりしているのを聞いて</u>，反応したり，感想を言ったりしている。	左記の状況まで達していない。

5 単元の指導計画例（4時間扱い）

時間	学習内容	評	評価方法
第1時	曜日と日課の言い方を知る。		
第2時	曜日と日課の言い方に慣れ親しむ。		
第3時	曜日クイズを出した後，既習事項を用いて，尋ねたり答えたりする。	○	・観察 ・振り返りカード
第4時	好きな曜日と理由を尋ね合う。		

6 指導と評価の実際（第3時／4時間）

学習内容	児童の活動	○評価【方法】
1 挨拶・復習をする。	・挨拶し，曜日の復習を行う。	
2 曜日と予定を聞き，語句や表現を知る。	・1週間の予定を聞き，何曜日のことか当てる。 (Let's Listen p.12)	
3 曜日クイズを出し合う。	・4人1組で順番に曜日クイズを出す。その後，質問したり，答えたりしながら，対話を続ける。 (Let's Play p.12)	○曜日クイズで日課を伝え合った後，質問したり答えたりして話を続けている。 【観察】
4 振り返りを行う。	・振り返りカードに今日の学習の振り返りを書く。	○同上 【振り返りカード】

振り返りカード例

クイズの後，しつもんや感想を言ったり，反のうしたりしましたか。

　①しつもんした　　はい　　いいえ

　②感想を言ったり，反のうしたりした。　　はい　　　いいえ

主体的に学習に取り組む態度の評価事例 6

自らの学習を調整しようとする側面

相手に配慮して，コミュニケーションを図る

教材名　Hello!　あいさつをして友だちになろう（「Let's Try!1」Unit 1）

1　指導目標

相手に伝わるように工夫しながら，多くの友達と，名前を言って挨拶を交わそうとする。　　　　　　　　　　　　　　〔思考力，判断力，表現力等〕(2)　ア

2　身につけさせたい力

色々な人と，コミュニケーションを図ろうとする姿勢を身につける。

3　評価規準

相手に伝わるように工夫しながら，多くの友達と，名前を言って挨拶を交わそうとしている。　　　　　　　　　　　　　　　　　　内容(2)　ア

4　ルーブリック評価

評価規準	大変よい（A）	よい（B）	努力を要する(C)
相手に伝わるように工夫しながら，多くの友達と，名前を言って挨拶を交わそうとしている。	自分の名前をゆっくり，はっきり言う等**相手に伝わるように工夫しながら**，多くの友達と，名前を言って挨拶を交わしている。	多くの友達と，名前を言って挨拶を交わしている。	左記までの状況には達していない。

5 単元の指導計画例（2時間扱い）

時間	学習内容	評	評価方法
第1時	世界の挨拶を知る。 挨拶のよさを考える。		
第2時	名前カードを作る。 挨拶をして，名前を伝え合う。	○	・観察 ・振り返りカード

6 指導と評価の実際（第2時／2時間）

学習内容	児童の活動	○評価【方法】
1　挨拶・歌を歌う。	・挨拶をし，歌を歌う。	
2　出身地を言う表現に慣れ親しむ。	・世界の子どもたちの話を聞き，出身地の言い方を知る。　（Let's Listen, p.4）	
3　カードを作る。	・ローマ字で名前を書く。	
4　自己紹介活動をする。	・友達と挨拶を行い，カードを交換する。カードがなくなってしまった児童は，相手の教材の5ページに名前を書くようにする。	○相手に伝わるように工夫しながら，多くの友達と，名前を言って挨拶を交わしている。 【観察】
5　振り返りを行う。	・振り返りカードに今日の学習の振り返りを書く。	○同上 【振り返りカード】

振り返りカード例

```
1　多くの友だちとあいさつがかわせましたか。　はい　まあまあ　いいえ
2　あいさつをするとき，どのようなことに気をつけて行いましたか。
　（　　　　　　　　　　　　　　　　　　　　　　　　　　　　　）
```

主体的に学習に取り組む態度の評価事例 **7**

粘り強い取組を行おうとする側面

主体的にコミュニケーションを図ろうとする

教材名　Do you have a pen?　おすすめの文房具セットをつくろう（「Let's Try!2」Unit 5）

1　指導目標

複数の情報を最後まであきらめず，聞き取る。

2　身につけさせたい力

聞き取れないことがあってもあきらめず，推測するなどして，話の内容を理解しようとする。

3　評価規準

ペンケースについての複数の情報を最後まであきらめず，聞き取ろうとしている。

4　ルーブリック評価

評価規準	大変よい（A）	よい（B）	努力を要する（C）
ペンケースについての複数の情報を最後まであきらめず，聞き取ろうとしている。	聞き取れない情報があってもあきらめず，**何度も聞いて理解しようとする主体的な姿勢が見られる。**	複数の情報を最後まであきらめず，聞き取ろうとしている。	複数の情報を聞きながら，途中であきらめてしまう。

5 単元の指導計画例（4時間扱い）

時間	学習内容	評	評価方法
第1時	文房具の言い方を知る。		
第2時	「〜を持っています」という表現を知り，表現に慣れ親しむ。		
第3時	登場人物の英語を聞き，ペンケースを当てる。	○	・観察 ・振り返りカード
第4時	文房具セットを作って友達に送る。		

6 指導と評価の実際（第3時／4時間）

学習内容	児童の活動	○評価【方法】
1 挨拶・復習する。	・挨拶し，文房具の言い方について復習をする。	
2 複数の情報を聞きながら，持ち物を当てる。	・登場人物の英語を聞き，ペンケースを当てる。 （Let's Listen, p. 20）	○複数の情報を最後まであきらめず，聞き取ろうとしている。 【観察】
3 I have.... の表現に慣れ親しむ。	・自分のペンケースの中身を I have.... を使って言う。	
4 映像を見る。	・世界の子どもたちの話を聞く。	
5 振り返りを行う。	・振り返りカードに今日の学習の振り返りを書く。	○同上 【振り返りカード】

振り返りカード例

> ペンケースを当てる聞き取りで，最後まであきらめずに聞こうとしましたか。
>   はい　どちらかというとはい　どちらかというといいえ　いいえ

Q1
外国語の評価観点と趣旨とは？

 外国語（5・6年生）の評価観点の趣旨は，以下のとおりです。

【知識・技能】

（知識）

・外国語の音声や文字，語彙，表現，文構造，言語の働きなどについて，日本語と外国語との違いに気付き，これらの知識を理解している。

（技能）

・読むこと，書くことに慣れ親しんでいる。

・外国語の音声や文字，語彙，表現，文構造，言語の働きなどの知識を，聞くこと，読むこと，話すこと，書くことによる実際のコミュニケーションにおいて活用できる基礎的な技能を身に付けている。

【思考・判断・表現】

・コミュニケーションを行う目的や場面，状況などに応じて，身近で簡単な事柄について，聞いたり話したりして，自分の考えや気持ちなどを伝え合っている。

・コミュニケーションを行う目的や場面，状況などに応じて，音声で十分慣れ親しんだ外国語の語彙や基本的な表現を推測しながら読んだり，語順を意識しながら書いたりして，自分の考えや気持ちなどを伝え合っている。

【主体的に学習に取り組む態度】

・外国語の背景にある文化に対する理解を深め，他者に配慮しながら，主体的に外国語を用いてコミュニケーションを図ろうとしている。

「各教科等・各学年等の評価の観点等及びその趣旨（小学校及び特別支援学校小学部並びに小学校及び特別支援学校中学部）」（平成31年4月4日）

Q₂

評価と４技能との関連はどうなっているの？

A　　評価趣旨と４技能との関連について整理してみましょう（表１）。するとどの項目が，どの技能と関連があるのかが分かります。

表１　評価趣旨と４技能との関連

		言文	聞く	読む	話す	書く
知識・技能	・外国語の音声や文字，語彙，表現，文構造，言語の働きなどについて，日本語と外国語との違いに気付き，これらの知識を理解している。	○				
	・読むこと，書くことに慣れ親しんでいる。			○		○
	・外国語の音声や文字，語彙，表現，文構造，言語の働きなどの知識を，聞くこと，読むこと，話すこと，書くことによる実際のコミュニケーションにおいて活用できる基礎的な技能を身に付けている。		○	○	○	○
思考・判断・表現	・コミュニケーションを行う目的や場面，状況などに応じて，身近で簡単な事柄について，聞いたり話したりして，自分の考えや気持ちなどを伝え合っている。		○		○	
	・コミュニケーションを行う目的や場面，状況などに応じて，音声で十分慣れ親しんだ外国語の語彙や基本的な表現を推測しながら読んだり，語順を意識しながら書いたりして，自分の考えや気持ちなどを伝え合っている。			○		○
態度	・外国語の背景にある文化に対する理解を深め，他者に配慮しながら，主体的に外国語を用いてコミュニケーションを図ろうとしている。	○	○	○	○	○

Q3
「4技能」から見た「評価」は？

A 　　今度は見方を変えてみます。「4技能」から見た「評価観点」で整理してみたいと思います。

表2に，「聞くこと」における評価観点を整理してみました。

ここからも分かるように，「聞くこと」の活動の評価は，当然のことながら「知識・技能」でも，「思考・判断・表現」でも，「主体的に学習に取り組む態度」でも，どれでも評価できることが分かります。

よって，入り口は「聞くこと」であっても，それを評価する時は，3つの出口（評価）があるということが分かります。

表2 「聞くこと」から見た評価観点

	知識・技能	思考・判断・表現	主体的に学習に取り組む態度
聞くこと	・外国語の音声や文字，語彙，表現，文構造，言語の働きなどの知識を，<u>聞くこと</u>，読むこと，話すこと書くことによる<u>実際のコミュニケーションにおいて活用できる基礎的な技能を身に付けている。</u>	・コミュニケーションを行う目的や場面，状況などに応じて，身近で簡単な事柄について，<u>聞いたり話したりして，自分の考えや気持ちなどを伝え合っている。</u>	・外国語の背景にある文化に対する理解を深め，他者に配慮しながら，<u>主体的に外国語を用いてコミュニケーションを図ろうとしている。</u>

以下，「読むこと」，「話すこと」，「書くこと」における評価も同様です（表3〜表5）。

表3 「読むこと」から見た評価観点

	知識・技能	思考・判断・表現	主体的に学習に取り組む態度
読むこと	・<u>読むこと，書くことに慣れ親しんでいる</u>。 ・外国語の音声や文字，語彙，表現，文構造，言語の働きなどの知識を，聞くこと，<u>読むこと</u>，話すこと，書くこと<u>による実際のコミュニケーションにおいて活用できる基礎的な技能を身に付けている</u>。	・コミュニケーションを行う目的や場面，状況などに応じて，<u>音声で十分慣れ親しんだ外国語の語彙や基本的な表現を推測しながら読んだり</u>，語順を意識しながら書いたりして，自分の考えや気持ちなどを伝え合っている。	・外国語の背景にある文化に対する理解を深め，他者に配慮しながら，<u>主体的に外国語を用いてコミュニケーションを図ろうとしている</u>。

表4 「話すこと」から見た評価観点

	知識・技能	思考・判断・表現	主体的に学習に取り組む態度
話すこと	・外国語の音声や文字，語彙，表現，文構造，言語の働きなどの知識を，聞くこと，読むこと，<u>話すこと</u>，書くこと<u>による実際のコミュニケーションにおいて活用できる基礎的な技能を身に付けている</u>。	・コミュニケーションを行う目的や場面，状況などに応じて，身近で簡単な事柄について，<u>聞いたり話したりして</u>，自分の考えや気持ちなどを伝え合っている。	・外国語の背景にある文化に対する理解を深め，他者に配慮しながら，<u>主体的に外国語を用いてコミュニケーションを図ろうとしている</u>。

表5 「書くこと」から見た評価観点

	知識・技能	思考・判断・表現	主体的に学習に取り組む態度
書くこと	・読むこと，**書くことに慣れ親しんでいる。** ・外国語の音声や文字，語彙，表現，文構造，言語の働きなどの知識を，聞くこと，読むこと，話すこと，**書くことによる実際のコミュニケーションにおいて活用できる基礎的な技能を身に付けている。**	・コミュニケーションを行う目的や場面，状況などに応じて，音声で十分慣れ親しんだ外国語の語彙や基本的な表現を推測しながら読んだり，**語順を意識しながら書いたりして，**自分の考えや気持ちなどを伝え合っている。	・外国語の背景にある文化に対する理解を深め，他者に配慮しながら，**主体的に外国語を用いてコミュニケーションを図ろうとしている。**

　これらを頭に入れ，評価事例を30個，ご紹介いたします。ご参考になれば幸いです。

入口は1つ，出口は3つ，な〜んだ？

分かった！
英語の評価！

ブ，ブー！
シャツでした〜〜〜。

Q4
「知識・技能」はどう評価したらいいの？

 小学校外国語の「知識・技能」の評価観点は，次の３項目です。

（知識）

・外国語の音声や文字，語彙，表現，文構造，言語の働きなどについて，日本語と外国語との違いに気付き，これらの知識を理解している。

（技能）

・読むこと，書くことに慣れ親しんでいる。

・外国語の音声や文字，語彙，表現，文構造，言語の働きなどの知識を，聞くこと，読むこと，話すこと，書くことによる実際のコミュニケーションにおいて活用できる基礎的な技能を身に付けている。

そして，学習指導要領では，指導すべき内容を次のように示しています。

【内容】〔知識及び技能〕

---

(1)　英語の特徴やきまりに関する事項

　　（省略）

　ア　音声

　　　次に示す事項のうち基本的な語や句，文について取り扱うこと。

　　　㋐　現代の標準的な発音　　㋑　語と語の連結による音の変化

　　　㋒　語や句，文における基本的な強勢

　　　㋓　文における基本的なイントネーション

　　　㋔　文における基本的な区切り

　イ　文字及び符号

　　　㋐　活字体の大文字，小文字

　　　㋑　終止符や疑問符，コンマなどの基本的な符号

ウ　語，連語及び慣用表現

　　(ア)　(前略)　600〜700語程度の語

　　(イ)　連語のうち，(中略)活用頻度の高い基本的なもの

　　(ウ)　慣用表現のうち，(中略)活用頻度の高い基本的なもの

エ　文及び文構造

　　次に示す事項について，日本語と英語の語順の違い等に気付かせ
　るとともに，基本的な表現として，意味のある文脈でのコミュニケ
　ーションの中で繰り返し触れることを通して活用すること。

　　(ア)　文(省略)

　　(イ)　文構造(省略)

(小学校学習指導要領　第2章　外国語)

　シンプルに考えると，〔知識及び技能〕では，①音声，②文字・符号，③語や語句，④表現，の4つを身につけさせればよいということになります。その中でも，小学生には，「アルファベットの読み・書き」「単語」「基本表現」について，知識や技能が身についているかどうか確認すればよいことになります。本書の指導事例でも，「アルファベット」「単語」「基本表現」の3つについての指導事例をあげることにしています。

　下記は，知識・技能における評価可能な方法を一覧にしてみました。

【評価観点と評価方法】◎可能　○方法によっては可能

	知識	技能
ペーパーテスト	◎	◎
授業観察	◎	◎
パフォーマンステスト(面接・実技)		◎
ワークシート	◎	◎
振り返りカード(自己評価)	○	○

Q5
「思考・判断・表現」はどう評価したらいいの？

A 学習指導要領では，思考力，判断力，表現力等に関しての指導すべき内容を次のように示しています。

【内容】〔思考力，判断力，表現力等〕

---

(2) 情報を整理しながら考えなどを形成し，英語で表現したり，伝え合ったりすることに関する事項

（省略）

ア　身近で簡単な事柄について，伝えようとする内容を整理した上で，簡単な語句や基本的な表現を用いて，自分の考えや気持ちなどを伝え合うこと。

イ　身近で簡単な事柄について，音声で十分に慣れ親しんだ簡単な語句や基本的な表現を推測しながら読んだり，語順を意識しながら書いたりすること。

この「ア」と「イ」を指導することが，〔思考力，判断力，表現力等〕となります。そこで，「思考・判断・表現」における評価場面を見てみると次のようになるのではないかを考えます。

【評価観点と評価方法】◎可能　○方法によっては可能

	思考・判断・表現			
	聞く	読む	話す	書く
ペーパーテスト	◎	◎		◎
授業観察			◎	
パフォーマンステスト（面接・実技）			◎	
ワークシート		◎		◎
振り返りカード（自己評価）	○	○	○	○

では，その「思考・判断・表現」はどのように評価するのがいいのでしょうか。ここではポイント2つ紹介したいと思います。

ポイント1
　「思考・判断・表現」はあくまでも英語活用の状況を評価する。

ある活動を行います。例えば，話すことのやり取りで，児童と次のような対話をしたとします。その児童の「思考・判断・表現」はどう評価するでしょうか。

T : Hello.

C1 : Hi.

T : Where do you want to go?

C1 : *I want go America.

T : America? Great. What do you want to do?

C1 : *I want see 自由の女神.

T : Why?

C1 : Very very tall.

児童は，I want to go to America. と言うべきところを，*I want go America. と言っています。また，*I want see 自由の女神. と言って，これも正確な英語ではありません。しかし，C1 の児童は，教師と英語で会話が成立しています。とういうことは，教師の英語を聞き取って，コミュニケーションに支障がない程度に答えていることになります。よって，完璧ではないが，「コミュニケーションを行う目的や場面，状況などに応じて，身近で簡単な事柄について，聞いたり話したりして，自分の考えや気持ちなどを伝え合っている」という評価観点の趣旨によると，概ね満足できる（B評価）ということになります。

　では，同じ現象を「知識・技能」から評価したらどうでしょうか。「知識・技能」の正確さと言う観点からは，I want to go to.... や，I want to see.... と言えるように指導する必要が出てきます。よって，「知識・技能」という観点では，努力を要する（C評価）となります。

> **ポイント2**
> 　伝える内容を考えるところから始めれば，「思考力，判断力，表現力等」の活動になる。

　スピーキングのメカニズムには4つの段階があると言われています（Levelt, 1989）。

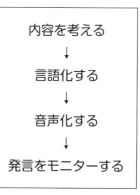

内容を考える
↓
言語化する
↓
音声化する
↓
発言をモニターする

　ワークシートを用いて，「友達が朝起きた時刻を聞いて，ランキングを作ろう」という活動には，児童が〈内容を考える〉というステップがありません。よって，〈言語化〉する必要もなく，指定された表現を音声に出して，尋ね合う活動となります。これは，練習であって，言語活動ではありません。

　では，「Let's talk about the summer vacation.（夏休みの思い出で話し合ってみましょう）」と，大きな課題を与えて話をさせた場合はどうでしょうか。児童は，夏休みにやったことを思い出し（内容を考える），それを英語でどう伝えるか既習事項を想起し（言語化する），そして，相手に伝える（音声化する），さらに，うまく使わっているかどうかを確認する（モニターする）という段階を踏むことになります。つまり，自分で考え，自分で言語化し，音声化することとなり，思考・判断・表現のプロセスをたどっていることになります。このように，「思考力，判断力，表現力等」の学習にするためには，「内容を考えさせるところ」から始めるとよいのです。

〈参考文献〉Levelt, W. J. M. (1989). Speaking : from intention to articulation. Cambridge

Q6
「主体的に学習に取り組む態度」はどう評価したらいいの？

　　　　「主体的に学習に取り組む態度」の評価観点の趣旨は，以下です。

> 　外国語の背景にある文化に対する理解を深め，他者に配慮しながら，
> 主体的に外国語を用いてコミュニケーションを図ろうとしている。

　この趣旨について，①自らの学習を調整しようとする側面，②粘り強い取組を行おうとする側面，を評価します。評価場面は下記のように考えます。

【評価観点と評価方法】◎可能　○方法によっては可能

	主体的に学習に取り組む態度
ペーパーテスト	
授業観察	◎
パフォーマンステスト（面接・実技）	○
ワークシート	○
振り返りカード（自己評価）	◎

　授業中の観察により，児童の「自らの学習を調整しようとする側面」「粘り強い取組を行おうとする側面」は，見て取って，評価することはできるかと思います。

◆自らの学習を調整しようとする側面

　例えば，実際に筆者が参観した授業ですが，児童がインタビュー活動をしていました。ある児童は，What do you want to watch? と聞かれ，I want to watch cycling. と答えました。すると，Why? と聞かれ，彼は，*I play the cycling. と答えました。cycling には，play は不似合いです。きっと彼は

Why? と聞かれ，とっさに，play を使ってしまったんだと思います。私はその後，彼が，どこでその表現の間違いに気付き，修正していくのかを興味をもってみていました。すると，彼は次には，I like cycling. と言い換えていました。彼は，自らの英語を正しい表現へと調整できていたのです。

このように，「自らの学習を調整しようとする側面」では，授業中の児童の様子からも評価ができるのではないかと考えています。

また，「自らの学習を調整しようとする側面」では，振り返りカードの児童の記述からも評価できます。例えば児童が，「今日は，いろいろな国の名前を知りました。次は発音に気を付けて練習したいです」と書いてあれば，「国の名前をしったけど，発音があまりよくできていなかったから，次は発音に気を付けよう」と自らの学習を調整しています。これなども，「自らの学習を調整しようとする側面」で１つ○がつく評価となります。

◆粘り強い取組を行おうとする側面

「粘り強い取組を行おうとする側面」では，ワークシートへの取組の様子から観察により評価もできますし，振り返りカードの児童の記述からも，児童の内面を探ることができます。また，観点の趣旨が，「主体的に外国語を用いてコミュニケーションを図ろうとしている」であるので，実際に何人にも何人にも話しかけ，コミュニケーションを図ろうとしている姿は，観察や振り返りカードで評価できるでしょう。要は，「主体的に学習に取り組む態度」を振り返りカードから，評価しようと思ったら，児童から，評価に値するような記述が得られるよう項目立てを工夫しなくてはいけません。ただ単に，「今日の授業はどうでしたか」「感想を書きましょう」では，期待する文言が引き出せません。「粘り強い取組を行おうとする側面」を引き出したかったら，「今日のインタビュー活動で，あなたが頑張ったことは何ですか」「今日の授業で，難しかったことは何ですか。またそれをどのように取り組みましたか」のように，意図的な振り返りカードの作成が教師に求められています。

知識・技能の評価事例 **1**

アルファベット①　文字を聞いて分かる

- -
小学5年　読むこと

1　指導目標

　アルファベットの文字の読み方の違いを知り，文字を認識できるようにする。

読むこと　ア

2　身につけさせたい力と評価

　小学校ではアルファベットが「読める・書ける」が必須の目標である。そのためには，まずは文字が発音されるのを聞いて，どの文字であるかを識別する力が必要である。それを適切に評価し，児童の学習状況を把握する。

3　評価規準

　文字の読み方の違いを理解し，文字を認識する技能を身に付けている。

内容(1)　イ−㋐

4　ルーブリック評価

評価規準	大変よい（A）	よい（B）	努力を要する（C）
文字の読み方の違いを理解し，文字を認識する技能を身に付けている。	BとV，GとZ，MとN等，文字の読み方の違いを知り，<u>ほぼ(90%以上)</u>文字を正しく認識している。	アルファベットの文字の読み方の違いを知り，<u>概ね(80%程度)，文字を認識している。</u>	アルファベットの文字が読まれるのを聞いて，文字を認識することを，ほとんどしていない。

学習指導要領との関連

（目標）⑵読むこと

　ア　活字体で書かれた文字を識別し，その読み方を発音することが

　　できるようにする。

（内容）　知識及び技能

　イ　文字及び符号　　㋐　活字体の大文字，小文字

5　単元の指導計画（8時間扱い）　　○評定につなげる評価　●形成的評価

時間	学習内容	評	評価方法
第1時	アルファベットの大文字を発音する。		
第2時	アルファベットを聞いて識別する。		
第3時	大文字に慣れ親しむ。		
第4時	到達度を確認する。〈中間評価〉	●	ペーパーテスト（ミニテスト）
第5時	補充学習①　似た発音（B/V，G/Z等）を識別する。		
第6時	補充学習②　発音や文字の識別を行う。		
第7時	到達度を確認する。〈中間評価〉	○	ペーパーテスト（ミニテスト）
第8時	到達度を確認する。〈単元末評価〉	○	ペーパーテスト（単元末テスト）

　アルファベットの大文字・小文字は，小学校3・4年で文字に慣れ親しんできていますが，定着まではいっていません。そこで，5年生の1学期～2学期にかけて，4つの単元で，「大文字が識別できる」「小文字を識別できる」「大文字を書くことができる」「小文字を書くことができる」と単元ごとに目標を区切り，繰り返しのある帯学習を行い，大文字・小文字に慣れ親しませ，「読める・書ける」までもっていきます。

6 指導と評価の実際（中間評価：第4時／8時間）

学習内容	児童の活動	○評価【方法】
1 挨拶・歌・曜日，日付，天気の確認 （5分）	・挨拶する。 ・歌を歌う。 ・曜日，日付，天気を言う。	
2 アルファベットの大文字の復習 （10分）	・カードを見ながら，アルファベット順に言う。 ・バラバラな順番で提示されたカードを見て英語で言う。 ・カルタを行う。	
3 確認テスト〈中間評価〉 （10分）	・教師の読み上げたアルファベットを識別する。 例） ミニテスト 問題 読まれた文字の番号を○しなさい。 No.1 ①B ②S ③T No.2 ①G ②V ③J No.3 ① HYR ② AIL ・答え合わせをする。 ・振り返る。	○アルファベットの文字の読み方の違いを知り，文字を認識することができる。【ペーパーテスト】
4 Small Talk （5分）	・Teacher's Talk を聞く。 例）好きな食べ物 ・児童同士の Small Talk ・振り返り	

7 評価例「単元末テスト」

外国語評価テスト

問題Ｉ　音声を聞いて，読まれた方の文字を○しなさい。

① | B | V |　② | G | Z |　③ | M | N |

（　　）（　　）　　　　（　　）（　　）　　　　（　　）（　　）

問題２　自己しょうかいを聞いて，人物の正しい名前を○しなさい。

No.Ｉ

Eniry

Emily

Emiri

No.2

George

Jeorze

Zeorje

No.3

Vivian

Bibian

Vibian

音声スクリプト

問題Ｉ　No.1　V　V　V　（３回読み上げる）

　　　　No.2　G　G　G　No.3　N　N　N

問題２　No.1　Hello. My name is Emily. E-m-i-l-y. Emily.（２回繰り返す）

　　　　No.2　Hi, I'm George. G-e-o-r-g-e. George.

　　　　No.3　Good morning, everyone. I'm Vivian. V-i-v-i-a-n. Vivian.

知識・技能の評価事例 **2**

> ### アルファベット② 文字を発音する
> ---
> 小学5年 読むこと

1 指導目標

アルファベットの大文字・小文字の読み方を発音することができるようにする。

　　　　　　　　　　　　　　　　　　　　　　　　　　　読むこと ア

2 身につけさせたい力と評価

アルファベットの大文字・小文字の発音の仕方に気付き，正しい英語で発音しようとする児童を育てる。そのためには，まずは，「この文字はこういう音で，このような口の形をする」ということに気付かせ，理解させ，正しく口形で発音させる。それがどの程度できているのかを確認する。

3 評価規準

アルファベットの大文字・小文字の読み方を発音する技能を身に付けている。

　　　　　　　　　　　　　　　　　　　　　　　　内容(1) イ−㋐

4 ルーブリック評価

評価規準	大変よい（A）	よい（B）	努力を要する(C)
アルファベットの大文字・小文字の読み方を発音する技能を身に付けている。	FやV，LやR等アルファベットの大文字・小文字の読み方をほぼ<u>正しく発音している</u>。	アルファベットの大文字・小文字の読み方を<u>一通り発音できる</u>。	アルファベットの大文字・小文字をあまり読めない。

```
学習指導要領との関連
（目標）（2）読むこと
    ア　活字体で書かれた文字を識別し，その読み方を発音することが
    できるようにする。
（内容）　知識及び技能
    イ　文字及び符号　　（ア）　活字体の大文字，小文字
```

5 単元の指導計画（8時間扱い）　　○評定につなげる評価　●形成的評価

時間	学習内容	評	評価方法
第1時	アルファベットの大文字を発音する。		
第2時	アルファベットを聞いて識別する。		
第3時	大文字に慣れ親しむ。		
第4時	到達度を確認する。〈中間評価〉	●	ペーパーテスト（ミニテスト）
第5時	補充学習① 似た発音（B/V，G/Z等）を識別する。		
第6時	補充学習② 発音や文字の識別を行う。		
第7時	10個の文字を読む。 〈パフォーマンス評価〉	○	パフォーマンステスト
第8時	到達度を確認する。〈単元末評価〉	○	ペーパーテスト（単元末テスト）

　アルファベットについては，集中学習よりも分散学習により，大文字，小文字に慣れ親しませ，少しずつ読めたり，書けたりしていくようにしたいです。

　例えば，教科書 Unit 1（大文字を聞く・読む），Unit 2（大文字を書く），Unit 3（小文字を聞く・読む），Unit 4（小文字を書く），Unit 5（復習）というようにある一定の期間にわたって，文字の習得を計画したいです。

6 指導と評価の実際　パフォーマンス評価（第7時／8時間）

学習内容	児童の活動	○評価【方法】
1　アルファベットの復習　　（2分）	・教師の示したアルファベットを読んでいく。	
2　アルファベットの正しい発音の確認　（5分）	・次の文字で特に発音を確認していく。 C,F,G,H,J,K,L,M,N,O,R,V,Z	
3　アルファベットの読み方の練習　　（10分）	・ペアの片方がアルファベットを指さし，もう片方がアルファベットを読んでいく。 A Q W E R T Y U I O P L K J H G F D S Z X C V B N M	
4　パフォーマンステスト　　（20分）	・だいたい言えるようになった児童は，教師のところに来て，アルファベット読みのチェックを受ける。 ・合格した児童は，アルファベットを書く練習を行う。	○アルファベットの大文字・小文字の読み方を発音することができる。【パフォーマンステスト】 ・10個の文字を指さし，9個以上言えていればB，ほぼ正しい発音で言えていたらA，それ以外は空白評価とし，再度挑戦させる。

7 評価例「パフォーマンステスト」

アルファベットシート

```
A Q W E R T Y
U I O P L K J H
G F D S Z
X C V B N M
```

```
p o i u y t
r e w q a
s d f g h j
k l m n b
v c x z
```

知識・技能の評価事例 **3**

アルファベット③ **大文字と小文字の識別**

小学5年　読むこと

1　指導目標

アルファベットの大文字・小文字を識別することができるようにする。

読むこと　ア

2　身につけさせたい力と評価

アルファベットの小文字には，似た形の文字（pとq，bとd，iとl，等）がある。それが小文字を難しくしている点でもある。まずは，大文字に対する小文字をどの程度認識できているのかを教師が把握し，児童の実態を理解しておくことが大事である。

3　評価規準

アルファベットの大文字・小文字を識別する技能を身に付けている。

内容(1)　イ−⑦

4　ルーブリック評価

評価規準	大変よい（A）	よい（B）	努力を要する(C)
アルファベットの大文字・小文字を識別する技能を身に付けている。	アルファベットの大文字・小文字を**ほぼ（90%以上＝23文字）**識別している。	アルファベットの大文字・小文字を**概ね（80%＝約20〜22文字＝）**識別している。	左記以外。

学習指導要領との関連

（目標）　⑵読むこと

　　ア　<u>活字体で書かれた文字を識別し</u>，その読み方を発音することが
　　　　できるようにする。

（内容）　知識及び技能

　　イ　文字及び符号　　㋐　活字体の大文字，小文字

5　単元の指導計画（8時間扱い）　　○評定につなげる評価　●形成的評価

時間	学習内容	評	評価方法
第1時	【復習】大文字を発音する。 ・大文字で書かれた看板などを読む。		
第2時	【復習】小文字を発音する。 ・人名や地名を読む。		
第3時	大文字・小文字のマッチング・ゲーム （神経衰弱）を行う。		
第4時	到達度を確認する。〈中間評価〉	●	ペーパーテスト （ミニテスト）
第5時	補充学習①　似た文字（p/q, b/d 等） を識別する。		
第6時	補充学習②　無言カルタを行う。 ・大文字を見て，小文字を取る。		
第7時	補充学習③　無言カルタを行う。 ・小文字を見て，大文字を取る。		
第8時	到達度を確認する。〈単元末評価〉	○	ペーパーテスト （単元末テスト）

6 指導と評価の実際 単元末テスト（第8時／8時間）

学習内容	児童の活動	○評価【方法】
1 小文字の識別 （2分）	・アルファベットシートを見ながら，教師が提示する大文字に対する小文字を見つけ，指で指す。 【ポインティング・ゲーム】	
2 大文字の識別 （2分）	・アルファベットシートを見ながら，教師が提示する小文字に対する大文字を見つけ，指で指す。 【ポインティング・ゲーム】	
3 ペア活動 （5分）	・ペアの片方がアルファベットを言い，もう片方が小文字シートから文字を見つけ出し，指で指す。 ・約2分後，役割を交替する。	
4 単元の復習 （10分）	・その他単元で学習した内容を復習する。 ・学習内容を思い出す。	
5 単元末テスト （25分）	・テストに取り組む。 ・単元の学習を振り返る。	○アルファベットの大文字・小文字を識別することができる。 【ペーパーテスト】

7 評価例「単元末テスト」

外国語評価テスト

知識・技能

問題１　大文字と小文字を線でむすびましょう。

K	Z	C	W	S	V	J	P	X	O

v	s	j	p	x	k	z	o	w	c

知識・技能

問題２　大文字と小文字を線でむすびましょう。

Y	F	T	E	U	H	N	G	M	I

e	h	i	n	g	y	m	u	t	f

知識・技能

問題３　次の大文字の小文字を１つずつ選び〇をしましょう。

①　L（　i　l　）　　②　D（　b　d　）
③　Q（　h　q　）　　④　A（　a　e　）
⑤　B（　b　d　）　　⑥　R（　f　r　）

知識・技能の評価事例 **4**

アルファベット④　大文字を書く

- -
小学5・6年　書くこと

1　指導目標

アルファベットの大文字を書くことができるようにする。

書くこと　ア

2　身につけさせたい力と評価

アルファベットの大文字・小文字の読み書きは必修である。教師が読み上げた文字を書いたり，自分が書こうとする文字を書けたりする力を小学生で身につけておきたい。そのためには，どの程度，児童に身についているかのチェックは必要である。

3　評価規準

アルファベットの大文字を書く技能を身に付けている。

内容(1)　イ-(ア)

4　ルーブリック評価

評価規準	大変よい（A）	よい（B）	努力を要する（C）
アルファベットの大文字を書く技能を身に付けている。	アルファベットの大文字を<u>ほぼ</u>（90%以上＝約23文字）書いている。	アルファベットの大文字を<u>概ね</u>（80%＝約20〜22文字）書いている。	左記以外。

学習指導要領との関連

（目標）（5)書くこと

ア　大文字，小文字を活字体で書くことができるようにする。

（内容）　知識及び技能

イ　文字及び符号　　㋐　活字体の大文字，小文字

5　単元の指導計画（8時間扱い）　　○評定につなげる評価　●形成的評価

時間	学習内容	評	評価方法
第1時	【復習】大文字を書く。 ・なぞった後，写し，自分で書く。		
第2時	【復習】大文字を書く。 ・大文字26文字を順番に書く。		
第3時	教師の読み上げた文字を聞いて，大文字を書く。		
第4時	到達度を確認する。〈中間評価〉 ・教師が読み上げた文字を書く。	●	ペーパーテスト （ミニテスト）
第5時	補充学習①　つまずきの見られた文字を練習する。		
第6時	補充学習②　大文字を書く。 ・（　）に大文字を入れて書く。 例）　ＡＢＣ（　）Ｅ（　）Ｇ….		
第7時	補充学習③　予備テストを行う。 〈中間評価〉 ・到達度を把握する。	●	ペーパーテスト （ミニテスト）
第8時	到達度を確認する。〈単元末評価〉	○	ペーパーテスト （単元末テスト）

6 指導と評価の実際　単元末テスト（第8時／8時間）

学習内容	児童の活動	○評価【方法】
1　復習 ・大文字を読む。 （3分） ・大文字を書く。 （10分）	・アルファベットカードを見て，発音する。 ・バラバラに提示された文字を見て，発音する。 ・ワークシートで確認する。 ワークシート（表面） ☆1　次の（　　）に文字を入れてみよう。 　AB（　　）D（　　）（　　）G（　　）IJ 　K（　　）（　　）（　　）OPQ（　　）ST（　　） 　VWX（　　）Z ☆2　先生が読み上げる文字を書いてみよう。 　①　　　②　　　③　　　④　　　⑤ ワークシート（裏面） ☆3　大文字を順番に書いてみよう。	
3　単元の復習 （7分）	・その他単元で学習した内容を復習する。 ・学習内容を思い出す。	
4　単元末テスト （25分）	・テストに取り組む。 ・単元の学習を振り返る。	○アルファベットの大文字を書くことができる。 【ペーパーテスト】

7 評価例「単元末テスト」

外国語評価テスト

問題１　発音される文字を聞いて，アルファベットの大文字を書きなさ
い。

① ＿＿＿＿＿　② ＿＿＿＿＿　③ ＿＿＿＿＿

問題２　アルファベットのぬけている文字を書きなさい。

A ＿＿ C D ＿＿ ＿＿ G H I ＿＿ K L ＿＿ ＿＿
O P Q ＿＿ S T ＿＿ ＿＿ W ＿＿ Y Z

外国語評価テスト

アルファベット大文字26文字をアルファベット順に書きなさい。

知識・技能の評価事例 **5**

アルファベット⑤　小文字を書く

- -
小学5・6年　書くこと

1　指導目標

アルファベットの小文字を書くことができるようにする。

書くこと　ア

2　身につけさせたい力と評価

アルファベットの小文字26文字を書けるようにする。主な方法として①順番に26文字を書く，②教師が読み上げた文字を書く，③スペリングを聞いて小文字で書く，等の方法を用いながら，26文字の小文字をきちんと理解し，識別でき，書き表す力を身につける。様々な出題方法で，児童の小文字を書く力をぜひ確認しておきたい。

3　評価規準

アルファベットの小文字を書く技能を身に付けている。　　**内容(1)　イ−(ア)**

4　ルーブリック評価

評価規準	大変よい（A）	よい（B）	努力を要する（C）
アルファベットの小文字を書く技能を身に付けている。	アルファベットの小文字を<u>ほぼ</u> <u>（90%以上＝約23文字）</u> 書いている。	アルファベットの小文字を<u>概ね</u> <u>（80%＝約20〜22文字）</u> 書いている。	左記以外。

学習指導要領との関連

（目標）⑸書くこと

　ア　大文字，小文字を活字体で書くことができるようにする。

（内容）　知識及び技能

　イ　文字及び符号　　㋐　活字体の大文字，小文字

5　単元の指導計画（8時間扱い）　　○評定につなげる評価　●形成的評価

時間	学習内容	評	評価方法
第1時	【復習】小文字を書く。 ・なぞった後，写し，自分で書く。		
第2時	【復習】小文字を書く。 ・なぞった後，写し，自分で書く。		
第3時	教師の読み上げた文字を聞いて小文字で書く。		
第4時	到達度を確認する。〈中間評価〉 ・教師が読み上げた文字を書く。	●	ペーパーテスト （ミニテスト）
第5時	補充学習①　つまずきの見られた文字を練習する。		
第6時	補充学習②　小文字を書く。 ・（　　）に小文字を入れて書く。 例）a（　　）c（　　）（　　）（　　）		
第7時	補充学習③　予備テストを行う。 　　　　　　　　　　　　〈中間評価〉 ・到達度を把握する。	●	ペーパーテスト （ミニテスト）
第8時	到達度を確認する。〈単元末評価〉	○	ペーパーテスト （単元末テスト）

6 指導と評価の実際 中間評価（第4時／8時間）

	学習内容	児童の活動	○評価【方法】
1	小文字の練習 （3分）	・アルファベットカードを見て発音する。 ・バラバラに提示された文字を見て，発音する。	
2	確認テスト 〈中間評価〉 （12分）	・小文字がどのくらい書けるか確認テストを行う。	○アルファベットの小文字を書くことができる。 【ペーパーテスト】
		ミニテスト例 問題1　先生が読む文字を小文字で書きなさい。 　①　　②　　③　　④　　⑤ 問題2　つづりを聞きとって，単語を書きなさい。 　①　　②　　③　　④ 問題3　アルファベット順になるように，（　）に小文字を書きましょう。 　a（　）c（　）（　）f g（　）i j k（　）m 　（　）o p（　）（　）s t（　）v w（　）y（　）	
3	振り返り （5分）	・教師が黒板に書いた答えを見て，丸つけを行う。 ・1問5点100点満点で点数をつける。 ・振り返りと今後の課題を考える。	

音声スクリプト

問題1　①s　②t　③g　④h　⑤f

問題2　①cat　②dog　③lion　④quiz（←つづりを読み上げる）
　　　　例）①c－a－t

7 評価例「単元末テスト」

外国語評価テスト

問題1 発音される文字を聞いて，単語を完成させなさい。

答えはすべて，アルファベットの小文字で書きなさい。

① _____ ② _____

問題2 次の大文字をすべて小文字で書きなさい。

① BED _____

② JAM _____

③ QUEEN _____

問題3 アルファベットのぬけている文字を書きなさい。

a ___ c ___ e ___ ___ h i j k ___ m ___

o p ___ ___ s t ___ v w x ___ z

音声スクリプト　問題1　No.1　d-o-g　　No.2　s-o-c-c-e-r

知識・技能の評価事例 **6**

語や語句① **聞いて意味を理解する**

小学5・6年　聞くこと

1　指導目標

単語を聞いて，それが表す意味を理解することができるようにする。

聞くこと　ア

2　身につけさせたい力と評価

　ある語を聞いて，その意味が理解できているかを測る。語を聞き取り，その語の表す意味を理解することは，まとまりのある英文を聞いたり，基本的な表現を聞き取ったりする際の意味のある最も小さな単位となる。簡単な語や語句であれば，聞いて理解できる力をつける。

3　評価規準

単語を聞いて，それが表す意味を理解している。

内容(1)　ウ−(ア)

4　ルーブリック評価

評価規準	大変よい（A）	よい（B）	努力を要する(C)
単語を聞いて，それが表す意味を理解している。	単語を聞いて，それが表す意味を**ほとんど(90％以上)**理解している。	単語を聞いて，それが表す意味を**概ね（80％程度）**理解している。	単語を聞いて，それが表す意味を理解していない。

学習指導要領との関連

（目標）⑴聞くこと

　　ア　ゆっくりはっきりと話されれば，自分のことや身近で簡単な事
　　　　柄について，簡単な語句や基本的な表現を聞き取ることができる
　　　　ようにする。

（内容）知識及び技能

　　ウ　語，連語及び慣用表現

　　　㋐　（前略）第３学年及び第４学年において第４章外国語活動を
　　　　履修する際に扱った語を含む600〜700語程度の語

5　単元の指導計画（８時間扱い）　　○評定につなげる評価　●形成的評価

時間	学習内容	評	評価方法
第１時	月名を表す語を知る。 ・特徴を表す行事と合わせて導入する。		
第２時	月名の言い方に慣れ親しむ。		
第３時	日付の言い方に慣れ親しむ。		
第４時	到達度を確認する。〈中間評価〉 誕生日の言い方を知る。	●	ペーパーテスト （ミニテスト）
第５時	誕生日を尋ねたり答えたりする。 C1：When is your birthday? C2：My birthday is		
第６時	誕生日に欲しいものを伝え合う。 C1：What do you want for your birthday? C2：I want....		
第７時	到達度を確認する。〈中間評価〉	●	ペーパーテスト （ミニテスト）
第８時	到達度を確認する。〈単元末評価〉	○	ペーパーテスト （単元末テスト）

6 指導と評価の実際　中間評価（第4時／8時間）

学習内容	児童の活動	○評価【方法】
1　挨拶・歌・曜日，日付，天気の確認　（5分）	・挨拶する。 ・歌を歌う。 ・曜日，日付，天気を言う。	
2　月名・日付の言い方の復習　（5分）	・カードを見ながら，月名を言う。 ・カレンダーを見ながら日付を言う。	
3　確認テスト〈中間評価〉（5分）	・教師の言った月名を識別し，答えを日本語で書く。 ミニテスト例 問題　月名を聞き，何月であるか答えなさい。 No.1（　　　　月） No.2（　　　　月） No.3（　　　　月） ・答え合わせをする。 ・振り返る。	○単語を聞いて，それが表す意味を理解している。 【ペーパーテスト】
4　本時の学習 (1)　ヒントクイズ（10分）	・ヒントクイズに答える。 例）I am an anime character. My birthday is September 3rd. I am a popular character. I don't like mice. I have a convenient pocket. I can fly.	
(2)　誕生日の言い方　（5分）	・誕生日の言い方を知る。 ・誕生日を言ってみる。	

7 評価例「単元末テスト」

外国語評価テスト

知識・技能

問題１　音声を聞いて，読まれた語をあらわす絵を，次のア～クの中か
ら１つずつ選び，記号で答えなさい。

（解答らん）

No.1	No.2	No.3	No.4	No.5	No.6

音声スクリプト

問題１　No.1　April（３回読み上げる）　　No.2　January

No.3　March　　No.4　October

No.5　February　　No.6　September

知識・技能の評価事例 **7**

> 語や語句② **読んで意味が分かる**
> -
> 小学6年　読むこと

1　指導目標

簡単な単語を読んで，意味が分かるようにする。

読むこと　イ

2　身につけさせたい力と評価

　小学校外国語教育では，音声で十分に慣れ親しんでいる語については，読んだり書いたりすることが求められている。そこで，音声で十分に慣れ親しんでいる語は，積極的に読ませたり書かせたり，文字に慣れ親しませたい。

3　評価規準

簡単な単語を読んで，意味を理解している。

内容(1)　ウ－(ア)

4　ルーブリック評価

評価規準	大変よい（A）	よい（B）	努力を要する（C）
簡単な単語を読んで，意味を理解している。	音声で十分に慣れ親しんだ簡単な単語であれば，<u>ほとんどの語の意味を理解している。</u>	音声で十分に慣れ親しんだ簡単な単語であれば，**類推**<u>し，そのいくつかは意味を理解している。</u>	単語を読むことに苦労している。

学習指導要領との関連

（目標）　⑵読むこと

　　イ　音声で十分に慣れ親しんだ**簡単な語句**や基本的な表現**の意味が**

　　　分かるようにする。

（内容）　知識及び技能

　　ウ　語，連語及び慣用表現

　　　㋐　（前略）第３学年及び第４学年において第４章外国語活動を

　　　　履修する際に扱った語を含む600〜700語程度の語

5　単元の指導計画（８時間扱い）　　○評定につなげる評価　●形成的評価

時間	学習内容	評	評価方法
第１時	動作を表す語を知る。 ・「〜できます」の表現を知る。		
第２時	動作を表す言い方に慣れ親しむ。 ・「〜できます」の表現に慣れ親しむ。		
第３時	Can を用いたやり取りを行う。 ・「〜できますか」の表現に慣れ親しむ。		
第４時	到達度を確認する。〈中間評価〉 ・動作を表す語を読ませ，絵と結ぶ。	●	ペーパーテスト （ミニテスト）
第５時	友達クイズを出す。 例）This is my friend. He can run fast. He can play baseball well. Who is he?		
第６時	友達を紹介する。		
第７時	音声で慣れ親しんだ語を読む。		
第８時	到達度を確認する。〈単元末評価〉	○	ペーパーテスト （単元末テスト）

6 指導と評価の実際　中間評価（第4時／8時間）

学習内容	児童の活動	○評価【方法】
1　挨拶・歌・曜日，日付，天気の確認　　　（5分）	・挨拶する。 ・歌を歌う。 ・曜日，日付，天気を言う。	
2　Small Talk 　　　　（10分）	・できること，できないことをペアで伝え合う。	
3　復習 　　　　（5分）	・絵カードを見ながら，動作を表す語を発音する。	
4　文字を読む 　　　　（8分）	・単語カードを見せて，どのように読むか推測しながら読む。 例）read, sleep, run, jump 等	
5　確認テスト 　　〈中間評価〉 　　　　（5分）	・文字を読んで，それを表す絵と線で結ぶ。	○簡単な単語を読んで意味を理解することができる。 【ペーパーテスト】

確認テスト例　Name（　　　　　　　　）

次の語を読んで，それを表す絵を線で結びなさい。

read	cook	eat	jump	sleep	fly
・	・	・	・	・	・
・	・	・	・	・	・

↑　ここには単語を表すイラストが入る。

・答え合わせする。

7 評価例「単元末テスト」

外国語評価テスト

知識・技能

問題1　次の①～④の単語を読んで，その意味を表す絵を，ア～クの中から1つずつ選び，記号で答えなさい。

① cook　② sing　③ swim　④ dance
（　　）（　　　）（　　　）（　　　）

問題2　次の①②の単語を読んで，その意味を表す絵をアイウから選び，記号を○しなさい。

①run	ア	イ	ウ
②eat	ア	イ	ウ

知識・技能の評価事例 **8**

語や語句③　**書き写す**

- -
小学5・6年　書くこと

1　指導目標

簡単な語句や基本的な表現を書き写すことができるようにする。

書くこと　ア

2　身につけさせたい力と評価

音声で十分に慣れ親しんでいる語や語句，基本的な表現は，読めたり，書けたりすることが求められる。その場合，書くことについては，何もない所から書くのではなく，「書き写す」「例文を参考に書く」という活動になる。書き写すことができ，また，例文を参考にしながら書くことまで育てたい。

3　評価規準

簡単な語句や基本的な表現を書き写す技能を身に付けている。

内容⑴　ウー㋐

4　ルーブリック評価

評価規準	大変よい（A）	よい（B）	努力を要する（C）
簡単な語句や基本的な表現を書き写す技能を身に付けている。	簡単な語句や基本的な表現を<u>丁寧に，正しく書</u>き写している。	簡単な語句や基本的な表現を書き写している。	簡単な語句や基本的な表現を書き写していない。

学習指導要領との関連

（目標）　(5)書くこと

　　ア　大文字，小文字を活字体で書くことができるようにする。また，
　　　　語順を意識しながら音声で十分に慣れ親しんだ**簡単な語句や基本**
　　　　的な表現を書き写すことができるようにする。

（内容）　知識及び技能

　　ウ　語，連語及び慣用表現

　　　(ア)　（前略）第3学年及び第4学年において第4章外国語活動を
　　　　　履修する際に扱った語を含む600～700語程度の語

5　単元の指導計画（8時間扱い）　　　○評定につなげる評価　●形成的評価

時間	学習内容	評	評価方法
第1時	国名を表す語を知る。		
第2時	行きたい国を伝える表現に慣れ親しむ。		
第3時	どこに行きたいかやり取りを行う。 例）C1：Where do you want to go? 　　C2：I want to go to Korea.		
第4時	到達度を確認する。 ・行きたい国を言うことができる。		
第5時	行きたい国とその理由を言う。 語や表現を書き写すことに慣れる。	●	ワークシート
第6時	お勧めの国を紹介する。 語や表現を書き写すことに慣れる。	●	ワークシート
第7時	お勧めの国パンフレットを作る。		
第8時	到達度を確認する。〈単元末評価〉	○	ペーパーテスト （単元末テスト）

6　指導と評価の実際　単元末テスト（第8時／8時間）

学習内容	児童の活動	○評価【方法】
1　挨拶・歌・曜日，日付，天気の確認　　　（5分）	・挨拶する。 ・歌を歌う。 ・曜日，日付，天気を言う。	
2　単元の復習 ・国名や表現を振り返る。 　　　　（15分）	・絵カードを見ながら，国名を表す語を発音する。 ・文字を見て，どの国であるか推測しながら読む。 ・基本的な表現を用いてやり取りを行う。	
	C1：Where do you want to go? **C2**：I want to go to Egypt. **C1**：Why? **C2**：Because I want to see pyramids.	
	・その他単元で学習した内容を復習する。 ・学習内容を思い出す。	
3　単元末テスト 　　　　（25分）	・テストに取り組む。	○簡単な語句や基本的な表現を書き写すことができる。【ペーパーテスト】

7 評価例「単元末テスト」

外国語評価テスト

知識・技能

問題１　次の語をていねいになぞりなさい。

No.1　　　　　　　　　　No.2

dog　　　　　tennis

No.3　　　　　　　　　　No.4

Japan　　　　Friday

知識・技能

問題２　次の語を書き写しなさい。

No.1　　　　　　　　　　No.2

cake　　　　watch

↓　　　　　　　　　↓

知識・技能の評価事例 9

基本的な表現① 活動中に評価する

小学 5 年　話すこと

1　指導目標

日課を尋ねたり，答えたりできるようにする。

話すこと［やり取り］　ア

2　身につけさせたい力と評価

既習事項を用いて，自分の思いや考えを伝え合う活動を行うためには，まず基本となる表現を正しく言うことができなければいけない。教師の後に繰り返したり，絵カードを用いて表現したり，ワークシートを用いて友達とやり取りをしたりするなど行い，基本的な表現が言えるように指導する。

3　評価規準

日課を尋ねたり，答えたりする技能を身に付けている。

内容(1)　エー㋐㋑

4　ルーブリック評価

評価規準	大変よい（A）	よい（B）	努力を要する（C）
日課を尋ねたり，答えたりする技能を身に付けている。	日課を尋ねたり，答えたり，<u>正しく</u>言っている。	<u>十分ではないところはあるが</u>，日課を尋ねたり，答えたりしている。	基本的なやり取りをしていない。

学習指導要領との関連

（目標）（3)話すこと［やり取り］

　ア　基本的な表現を用いて指示，依頼をしたり，それらに応じたり
　　することができるようにする。

（内容）　知識及び技能

　エ　文及び文構造

　　(ア)　文

　　(イ)　文構造

5　単元の指導計画（8時間扱い）　　　○評定につなげる評価　●形成的評価

時間	学習内容	評	評価方法
第1時	時刻を尋ねたり答えたりする。 C1：What time is it? C2：It's 12:45.		
第2時	日課を表す語を知る。		
第3時	日課を伝える表現に慣れ親しむ。		
第4時	日常生活についてのやり取りを行う。 〈中間評価〉 例）C1：What time do you get up? 　　C2：I usually get up at 6.	●	観察 振り返りカード
第5時	頻度を表す語を知る。		
第6時	頻度を表す語を用いて日課を伝える。		
第7時	自分の日課をグループで発表する。 〈パフォーマンス評価〉 ・正確な英語で伝えているか。	○	パフォーマンステスト
第8時	到達度を確認する。〈単元末評価〉	○	ペーパーテスト （単元末テスト）

6 指導と評価の実際　中間評価（第4時／8時間）

学習内容	児童の活動	○評価【方法】
1　教師の日課を聞く　（2分）	・教師の日課を聞く。 ・日課で用いられる語彙を知る。	
2　表現や語句の確認と練習　（5分）	・表現や語句を確認する。 ・教師の後に繰り返すなど，表現や語句を口に出して言ってみる。	
3　インタビュー活動　（10分）	・自分の日課と友達の日課を比べるために，基本的な表現を用いて，友達にインタビューする。	○日課を尋ねたり，答えたりすることができる。 【観察】
4　振り返り　（3分）	・表現の確認を行う。 ・振り返りカードに記入する。	○児童の達成度を評価させ，活動を振り返らせる。 【振り返りカード】

振り返りカード例

　1　日課をたずねあう表現が言えるようになりましたか。

　　　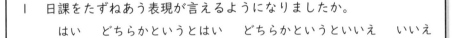
　　　はい　　どちらかというとはい　　どちらかというといいえ　　いいえ

　2　インタビューをして，自分の日課と友達の日課を比べて分かったこと，感じたこと，思ったことを書きましょう。

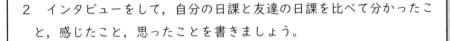

7　評価例「ワークシート」

あなたの１日

１　朝起きてから学校に着くまでの行動を友達に聞きましょう。

名前	起きる時間	朝食の時間	家を出る時間	学校に着く時間
先生				
あなた				

２　家に着いてからねるまでの行動を友達に聞きましょう。

名前	家に着く時間	夕食の時間	勉強する時間	ねる時間
先生				
あなた				

知識・技能の評価事例 **10**

基本的な表現② 活動後に評価する

小学5年 話すこと

1 指導目標

誕生日に何が欲しいかを尋ねたり答えたりできるようにする。

話すこと［やり取り］ ア

2 身につけさせたい力と評価

授業で基本的な表現などを指導し，インタビュー活動などでやり取りに慣れさせたあと，実際に児童がどの程度，正確に言えているのかどうか，授業の終盤で質問するなど，基本表現を言わせ，確認することが知識・技能の評価となる。

3 評価規準

誕生日に何が欲しいかを尋ねたり答えたりする技能を身に付けている。

内容(1) エー⑦⑦

4 ルーブリック評価

評価規準	大変よい（A）	よい（B）	努力を要する(C)
誕生日に何が欲しいかを尋ねたり答えたりする技能を身に付けている。	誕生日に何が欲しいかを**正しく**尋ねたり答えたりしている。	**十分ではないところはあるが**，誕生日に何が欲しいかを尋ねたり答えたりしている。	基本的なやり取りをしていない。

学習指導要領との関連

（目標）　(3)話すこと［やり取り］

　　ア　基本的な表現を用いて指示，依頼をしたり，それらに応じたり

　　　することができるようにする。

（内容）　知識及び技能

　　エ　文及び文構造

　　　㋐　文

　　　㋑　文構造

5　単元の指導計画（８時間扱い）　　○評定につなげる評価　●形成的評価

時間	学習内容	評	評価方法
第１時	月名を表す語を知る。 ・特徴を表す行事と合わせて導入する。		
第２時	月名の言い方に慣れ親しむ。		
第３時	日付の言い方に慣れ親しむ。		
第４時	誕生日の言い方を知る。		
第５時	誕生日を尋ねたり答えたりする。 　　　　　　　　　〈パフォーマンス評価〉 C1：When is your birthday? C2：My birthday is	●	パフォーマンステスト
第６時	誕生日に欲しいものを伝え合う。 C1：What do you want for your birthday? C2：I want....　　　〈パフォーマンス評価〉	●	パフォーマンステスト
第７時	４人１組で Small Talk を行う。 　　　　　　　　　〈単元末評価〉	○	パフォーマンステスト
第８時	到達度を確認する。〈単元末評価〉	○	ペーパーテスト （単元末テスト）

6 指導と評価の実際　パフォーマンス評価・活動後（第6時／8時間）

学習内容	児童の活動	○評価【方法】
1　Teacher's Talk （2分）	・教師の誕生日に欲しかったものの話を聞く。	
2　表現や語句の確認と練習 （5分）	・表現や語句を確認する。 ・教師の後に繰り返すなど，表現や語句を言う。	
3　インタビュー活動 （10分）	・友達と，誕生日に欲しいものを尋ねたり答えたりする。 **A**：What do you want for your birthday? **B**：I want a new bike. **A**：Really? **B**：How about you? **A**：I want my computer. **B**：Good idea!	
4　達成度の確認 （5分） 基本表現がどの程度，正確に言えているかどうか数名に確認し，達成度を把握する。	・教師の質問に答える。 **T**：When is your birthday? **C1**：My birthday is May 10th. **T**：What do you want? **C1**：<u>I want a camera</u>.（A評価） **T**：Oh, you want a camera? **C1**：Yes. **T**：How much is the camera? **C1**：I don't know.	○誕生日に欲しいものを尋ねたり答えたりすることができる。 【パフォーマンステスト】

7 評価例「ワークシート」

誕生日に何がほしい？

1　先生の話を聞いて，先生が誕生日にほしいものは何でしょうか。
　　ほしいものや，他にも分かったことを書きましょう。

[

]

2　友達がたん生日にほしいと思っているものは何でしょうか？
　　英語でたずねあってみましょう。

名前	ほしいもの	分かったこと

思考・判断・表現の評価事例 **11**

聞くこと①　イラストや写真と結びつける

小学5年　自己紹介

1　指導目標

基本的な表現を用いた話を聞いて，話の内容を理解することができるようにする。

聞くこと　イ

2　身につけさせたい力と評価

1文は聞き取れても，複数の英文を聞いたら分からないというのではだめで，複数の情報の入ったまとまりのある英文を聞き，内容を理解することができるかどうかを測ることが大事である。

3　評価規準

簡単な自己紹介を聞いて，話の内容を理解している。

内容(3)①　アー(ア)

4　ルーブリック評価

評価規準	大変よい（A）	よい（B）	努力を要する(C)
簡単な自己紹介を聞いて，対話の内容を理解している。	基本的な表現を用いた話を聞いて，<u>正確に</u>（90％以上）対話の内容を理解している。	基本的な表現を用いた話を聞いて，<u>概ね</u>（70％）話の内容を理解している。	左記以外。

学習指導要領との関連

（目標）（1)聞くこと

　イ　ゆっくりはっきりと話されれば，日常生活に関する身近で簡単
　　な事柄について，具体的な情報を聞き取ることができる。

（内容）思考力，判断力，表現力等（3)①－ア　聞くこと

　㋐　自分のことや学校生活など，身近で簡単な事柄について，簡単
　　な語句や基本的な表現を聞いて，それらを表すイラストや写真な
　　どと結びつける活動。

5　単元の指導計画（8時間扱い）　　　　○評定につなげる評価　●形成的評価

時間	学習内容	評	評価方法
第1時	教師の自己紹介を聞く。 自己紹介で使われる表現を知る。		
第2時	好きなものについてのやり取りを行う。		
第3時	持っているものについてのやり取りを行う。		
第4時	到達度を確認する。〈中間評価〉 ・ペアの自己紹介を聞く。 名前の綴りを尋ねたり答えたりする。	●	観察 ワークシート
第5時	欲しいものについてのやり取りを行う。		
第6時	好きなスポーツやするスポーツについてのやり取りを行う。		
第7時	友達の自己紹介を聞く。		
第8時	到達度を確認する。〈単元末評価〉	○	ペーパーテスト （単元末テスト）

6 指導と評価の実際　中間評価（4時／8時間）

学習内容	児童の活動	○評価【方法】
1　挨拶・歌・曜日，日付，天気の確認　　（5分）	・挨拶する。 ・歌を歌う。 ・曜日，日付，天気を言う。	
2　Small Talk ・Teacher's Talk ・Small Talk 1 ・振り返り ・Small Talk 2 　　（10分）	・Teacher's Talk を聞く。 ・ペアで Small Talk を行う。 ・Small Talk を振り返り，ペアのことについて分かったことを書く。	○基本的な表現を用いた話を聞いて，対話の内容を理解することができる。【ワークシート】
	Small Talk シート例　Name（　　　　　　） ☆友達のことで分かったことを書きましょう。 ST1 　（　　　　　　　　　　　　　　　　　） ST2 　（　　　　　　　　　　　　　　　　　）	
	・ペアを変えて，Small Talk の2回目を行う。	
3　本時の学習 ・名前カードを作る。 ・綴りを尋ねたり答えたりする。 　　（20分）	・教師の紹介を聞く。 ・自分の名前カードを作る。 ・綴りを尋ね合う表現を知る。 ・ペアで尋ね合う。	
4　振り返り 　　（5分）	・振り返りカードに今日の授業での気付きなどを書く。	

7 評価例「単元末テスト」

外国語評価テスト

思考・判断・表現

問題1　3人の小学生が自己しょうかいをしています。それを聞いて，
　　　関係のあるものを線で結んでいきましょう。

No.1　　　　　　　No.2　　　　　　　No.3

音声スクリプト

No.1　Hi, I'm Thomas. I'm from the U.S. I like basketball, but I don't like baseball. I like fruit. My favorite fruit is bananas.

No.2　Hello, class. I'm Lucy. I'm from Australia. I have two cats, but I have no dogs. I want a big dog.

No.3　Good morning, everyone. My name is Elizabeth. Call me Beth. I'm from England. I like baseball. My father is a good baseball player.

思考・判断・表現の評価事例 **12**

聞くこと② 具体的な情報を聞き取る

小学5年　誕生日

1 指導目標

まとまりのある英文を聞いて，具体的な情報を聞き取ることができるようにする。

聞くこと　イ

2 身につけさせたい力と評価

まとまりのある英語を聞いて，その中から具体的な情報をキャッチする能力は，育てておきたい力の1つである。事前にリスニングポイントを示しておき，それを聞き取らせるようにすると能動的な聞き取りになる。

3 評価規準

誕生日について話している対話を聞き，話の内容の具体的な情報を聞き取っている。

内容(3)①　アー(イ)

4 ルーブリック評価

評価規準	大変よい（A）	よい（B）	努力を要する（C）
誕生日について話している対話を聞き，話の内容の具体的な情報を聞き取っている。	まとまりのある英文を聞いて，具体的な情報を，<u>ほぼ正確</u>に聞き取っている。	まとまりのある英文を聞いて，具体的な情報を<u>概ね正確</u>に聞き取っている。	左記以外。

学習指導要領との関連

（目標）　⑴聞くこと

　イ　ゆっくりはっきりと話されれば，日常生活に関する身近で簡単
　　　な事柄について，具体的な情報を聞き取ることができるようにす
　　　る。

（内容）　思考力，判断力，表現力等　⑶①－ア　聞くこと

　㈡　日付や時刻，値段などを表す表現など，日常生活に関する身近
　　　で簡単な事柄について，具体的な情報を聞き取る活動。

5　単元の指導計画（8時間扱い）　　○評定につなげる評価　●形成的評価

時間	学習内容	評	評価方法
第1時	月名を表す語を知る。 ・特徴を表す行事と合わせて導入する。		
第2時	月名の言い方に慣れ親しむ。		
第3時	日付の言い方に慣れ親しむ。		
第4時	到達度を確認する。 誕生日の言い方を知る。		
第5時	誕生日を尋ねたり答えたりする。 C1：When is your birthday? C2：My birthday is	●	ワークシート
第6時	誕生日に欲しいものを伝え合う。 C1：What do you want for your birthday? C2：I want....		
第7時	到達度を確認する。〈中間評価〉	●	ペーパーテスト （ミニテスト）
第8時	到達度を確認する。〈単元末評価〉	○	ペーパーテスト （単元末テスト）

6 指導と評価の実際（第8時／8時間）

学習内容	児童の活動	○評価【方法】
1　挨拶・歌・曜日，日付，天気の確認　　　（5分）	・挨拶する。 ・歌を歌う。 ・曜日，日付，天気を言う。	
2　単元の復習 ・Teacher's Talk ・月名の確認 ・日付の確認 　　　　　（15分）	・「誕生日」をテーマに，児童と対話する。 **T**：When is your birthday? **C1**：My birthday is May 2nd. **T**：What do you want? **C1**：I want a new pencase. ・月名を確認する。 ・日付の言い方を確認する。	
3　単元末テスト 　　　　　（25分）	・テストに取り組む。	○まとまりのある英文を聞いて，具体的な情報を聞き取っている。 【ペーパーテスト】

　小学校の英語授業では，そんなにやることは多くありません。英語を聞き取るという点においては，「具体的な情報を聞き取ること」と「必要な情報を聞き取る」という2つをやれば，思考力，判断力，表現力等の学習となります。できるだけシンプルに考え，そのシンプルなことを繰り返し指導・活動を与え，児童の聞く力を高めていきましょう。教師が力の付くポイントを知っていることが大事です。

7 評価例「単元末テスト」

外国語評価テスト

思考・判断・表現 （各5点）

問題1　ミキとケンの話を聞き，①〜④の質問に答えましょう。

①ケンのたん生日はいつですか。　（　　月　　日）

②ケンがほしいものは何ですか？

（　　　　　　　　　　　　　　　　　　　　　　　　　　）

③ミキのたん生日はいつですか。　（　　月　　日）

④ミキのほしいものは何ですか？

（　　　　　　　　　　　　　　　　　　　　　　　　　　）

音声スクリプト

Miki：Hi, Ken. How are you?

Ken：I'm good. How are you?

Miki：Good. You look happy.

Ken：Do I look happy? Yes. This Friday is my birthday.

Miki：Happy birthday. Today is Tuesday, May 13th, so your birthday is....

Ken：Yes!

Miki：What do you want for your birthday?

Ken：I want a new bike. My bike is too small for me. I want a bigger one.
When is your birthday, Miki?

Miki：Today!

Ken：Today? Happy birthday to you. What do you want?

Miki：I want a pencase.

思考・判断・表現の評価事例 **13**

聞くこと③　必要な情報を聞き取る

小学6年　将来の夢

1　指導目標

まとまりのある英文を聞いて，必要な情報を聞き取ることができるようにする。

聞くこと　イ

2　身につけさせたい力と評価

まとまりのある英語を聞いて，その中から必要な情報を聞き取るという能動的な姿勢はとても大事である。例えばAさんとBさんが話をしていて，AさんはBさんに何かプレゼントをしたい。どんなプレゼントにしたらいいか2人のやり取りから必要な情報を得る能動的な聞き取りをさせたい。

3　評価規準

将来なりたい職業についての対話を聞き，話の内容の必要な情報を聞き取っている。

内容(3)①　ア─(ウ)

4　ルーブリック評価

評価規準	大変よい（A）	よい（B）	努力を要する(C)
将来なりたい職業についての対話を聞き，話の内容の必要な情報を聞き取っている。	まとまりのある英文を聞いて，必要な情報を聞き取っている。	まとまりのある英文を聞いて，具体的な情報を**概ね**聞き取っている。	左記以外。

学習指導要領との関連

（目標）⑴聞くこと

ウ　ゆっくりはっきりと話されれば，日常生活に関する身近で簡単な事柄について，短い話の概要を捉えることができるようにする。

（内容）思考力，判断力，表現力等　⑶①－ア　聞くこと

㈡　友達や家族，学校生活など，身近で簡単な事柄について，簡単な語句や基本的な表現で話される短い会話や説明を，イラストや写真などを参考にしながら聞いて，必要な情報を得る活動。

5　単元の指導計画（8時間扱い）　○評定につなげる評価　●形成的評価

時間	学習内容	評	評価方法
第1時	職業を表す語を知る。		
第2時	職業を表す語に慣れ親しむ。		
第3時	なりたい職業について伝える言い方を知る。例）I want to be a barber.		
第4時	なりたい職業について，理由を入れながらやり取りを行う。 例）C1：What do you want to be? 　　C2：I want to be a comedian. 　　C1：Cool. But why? 　　C2：I want to make people happy.		
第5時	ペアやグループで職業について話す。	●	ワークシート
第6時	クラスの前で職業について話す。	●	ワークシート
第7時	到達度を確認する。	●	ペーパーテスト（ミニテスト）
第8時	到達度を確認する。〈単元末評価〉	○	ペーパーテスト（単元末テスト）

6 指導と評価の実際（第8時／8時間）

学習内容	児童の活動	○評価【方法】
1　挨拶・歌・曜日，日付，天気の確認　　　（5分）	・挨拶する。 ・歌を歌う。 ・曜日，日付，天気を言う。	
2　単元の復習 ・Teacher's Talk	・「職業」をテーマに，児童と対話する。	
	T：What do you want to be? **C1**：I want to be a vet. **T**：Why? **C1**：I like animals. **T**：Do you have any pets? **C1**：Yes. One dog. **T**：Do you walk your dog every day? **C1**：Yes. Every morning.	
・職業の語の確認 ・基本表現の確認 　　　　　（15分）	・絵カードで職業を表す語を復習する。 ・基本表現を確認する。	
3　単元末テスト 　　　　　（25分）	・テストに取り組む。 ・単元の学習を振り返る。	○まとまりのある英文を聞いて，必要な情報を聞き取っている。 【ペーパーテスト】

7 評価例「単元末テスト」

外国語評価テスト

思考・判断・表現 （各5点）

問題1　ミキとケンの話を聞き，お互いがどんな職業があっていると思いますか。ア～エの中から1つずつ選び，記号で答えなさい。

ミキ（　　　　　　）　　ケン（　　　　　　　）

ア	イ	ウ	エ
singer	teacher	zookeeper	doctor

音声スクリプト

Miki：Hi, Ken. How are you?

Ken：I'm good. How are you?

Miki：Great. What do you have?

Ken：Oh, this is a book about Noguchi Hideyo. He was a great doctor.

Miki：Do you want to be a doctor?

Ken：No, I don't. I'm not good at science.

Miki：What do you like?

Ken：I like music. I like singing and dancing.

Miki：Yes. You are good at singing and dancing. I like your songs.

Ken：Thank you. How about you, Miki? What do you like?

Miki：Well, I like animals. I have one dog and one cat. They are so cute.

Ken：So, you want to be a zookeeper?

Miki：Well, no, I don't. I like animals but I don't want to be a zookeeper.

Ken：What do you want to be?

Miki：I have no idea, but I like small children.

思考・判断・表現の評価事例 **14**

聞くこと④　具体的な情報を聞き取る

- -
小学5年　値段の聞き取り

1　指導目標

基本的な表現を用いた話を聞いて，具体的な情報を聞き取ることができるようにする。

　　　　　　　　　　　　　　　　　　　　　　　　聞くこと　イ

2　身につけさせたい力と評価

聞く力には，大きく分けて，話を聞いておおよその内容を理解する力（概要理解）と，中心的な大事な内容を理解する力（要点理解）の2つを必要とする。今回は，値段を聞き取るという評価である。

3　評価規準

果物屋での対話を聞き，果物の値段や購入したもの等の具体的な情報を聞き取っている。

　　　　　　　　　　　　　　　　　　　　内容(3)①　ア−イ

4　ルーブリック評価

評価規準	大変よい（A）	よい（B）	努力を要する（C）
果物屋での対話を聞き，果物の値段や購入したもの等の具体的な情報を聞き取っている。	基本的な表現を用いた話を聞いて，具体的な情報を**正確に**（90%以上）聞き取っている。	基本的な表現を用いた話を聞いて，具体的な情報を**概ね**（70%程度）聞き取っている。	左記以外。

学習指導要領との関連

（目標）（1)聞くこと

　イ　ゆっくりはっきりと話されれば，日常生活に関する身近で簡単
　　な事柄について，具体的な情報を聞き取ることができるようにす
　　る。

（内容）思考力，判断力，表現力等　(3)①－ア　聞くこと

　(イ)　日付や時刻，値段などを表す表現など，日常生活に関する身近
　　で簡単な事柄について，具体的な情報を聞き取る活動。

5　単元の指導計画（8時間扱い）　　　　○評定につなげる評価　●形成的評価

時間	学習内容	評	評価方法
第1時	国名を表す語を知る。		
第2時	行きたい国を伝える表現に慣れ親しむ。		
第3時	どこに行きたいかやり取りを行う。 例）C1：Where do you want to go? 　　C2：I want to go to Korea.		
第4時	到達度を確認する。 ・行きたい国を言うことができる。		
第5時	行きたい国とその理由を言う。 語や表現を書き写すことに慣れる。		
第6時	お勧めの国を紹介する。 語や表現を書き写すことに慣れる。		
第7時	お勧めの国パンフレットを作る。		
第8時	到達度を確認する。〈単元末評価〉	○	ペーパーテスト （単元末テスト）

6 指導と評価の実際 (第8時／8時間)

学習内容	児童の活動	○評価【方法】
1　挨拶・歌・曜日, 日付, 天気の確認　　（5分）	・挨拶する。 ・歌を歌う。 ・曜日, 日付, 天気を言う。	
2　単元の復習 ・Teacher's Talk	・欲しいものや, その値段等 Small Talk をする。	
	T：What do you want to go? **C1**：I want to go to America. **T**：Why? **C1**：I want to see 自由の女神 . **T**：What do you want to buy? **C1**：I want to buy T shirt. **T**：Good! How much is that? **C1**：I don't know. 20 dollars?	
・国名の語の確認 ・基本表現の確認　　　　（15分）	・絵カードで国名を表す語を復習する。 ・基本表現を確認する。	
3　単元末テスト　　　　（25分）	・テストに取り組む。 ・単元の学習を振り返る。	○基本的な表現を用いた話を聞いて, 具体的な情報を聞き取っている。 【ペーパーテスト】

7 評価例「単元末テスト（スクリプトは142ページ）」

外国語評価テスト

問題Ⅰ　タクは夏にアメリカに家族旅行に行きました。

（1）　お店の人とのやり取りを聞いて，□に値段を書き入れましょう。

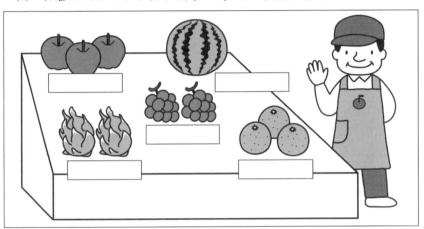

（2）　タクとサキ（妹）が買った値段はそれぞれいくらですか。

$ (　　　　　)

$ (　　　　　)

思考・判断・表現の評価事例 **15**

話すこと①　筋道を立てて伝える

- - - - - - - - - - - - - - - - - - - -
小学5年　道案内

1　指導目標

伝えたい事柄を，既習事項を駆使して表現できるようにする。

話すこと［発表］　ウ

2　身につけさせたい力と評価

　既習事項を用いて，どの表現を使用したらよいのかを考え・選択し，自分の思いを伝えることのできる力を伸ばしたい。そのために，思考力・判断力・表現力等を用いなくては達成できない課題を与え，伝え方を評価したい。

3　評価規準

　道案内で用いられる複数の表現から適切な言い方を用い，道を案内している。

内容(3)①　エ−(ウ)

4　ルーブリック評価

評価規準	大変よい（A）	よい（B）	努力を要する（C）
道案内で用いられる複数の表現から適切な言い方を用い，道を案内している。	伝えたい事柄を，既習事項を駆使して**十分に**（ほとんど正確に）道を案内している。	伝えたい事柄を，既習事項を駆使して**概ね**（多少は困難な場面はあるが）道を案内している。	左記以外。

> **学習指導要領との関連**
>
> （目標）⑷話すこと［発表］
>
> 　ウ　身近で簡単な事柄について，伝えようとする内容を整理した上
> 　　　で，自分の考えや気持ちなどを，簡単な語句や基本的な表現を用
> 　　　いて話すことができるようにする。
>
> （内容）思考力，判断力，表現力等　⑶①－エ 話すこと［発表］
>
> 　㈡　簡単な語句や基本的な表現を用いて，学校生活や地域に関する
> 　　　ことなど，身近で簡単な事柄について，自分の考えや気持ちなど
> 　　　を話す活動。

5　単元の指導計画（8時間扱い）　○評定につなげる評価　●形成的評価

時間	学習内容	評	評価方法
第1時	場所を表す前置詞を知る。 例）A ball is on the box.		
第2時	場所を表す前置詞に慣れ親しむ。 C1：Where is the ball? C2：It's under the desk.		
第3時	場所や建物を表す語を知る。 例）郵便局（post office）		
第4時	道を案内する表現を知る。		
第5時	道案内の基本的な表現に慣れ親しむ。	●	観察
第6時	ペアを変え，複数回，道案内をする。	●	観察
第7時	4人1組になり，1人が道案内し，3人が道をたどる。〈パフォーマンス評価〉	○	パフォーマンステスト
第8時	到達度を確認する。〈単元末評価〉	○	ペーパーテスト（単元末テスト）

6 指導と評価の実際 （第7時／8時間）

学習内容	児童の活動	○評価【方法】
1　挨拶・歌・曜日，日付，天気の確認　（5分）	・挨拶する。 ・歌を歌う。 ・曜日，日付，天気を言う。	
2　道案内の表現の振り返り　（3分）	・絵カードを見て，道案内の表現を確認する。 Go straight.　Turn right.　Turn left. Turn right at the second corner.　Go for two blocks.	
3　道案内　（25分）	・教師の道案内を聞き，道をたどる。 ・ペアで道案内をする。 ・4人1組で，1人が立って道案内をする。他3人はそれを聞いて道をたどる。 ・3人が同じルートでたどれたかどうか確認する。	○伝えたい事柄を，既習事項を駆使して表現することができる。【パフォーマンステスト】
4　単元末テスト　（7分）	・次回の単元末テストについて知る。	

7 評価例「パフォーマンステスト」

道を案内できるかな？

★ Start から Goal まで，あなたはどのように案内しますか。

思考・判断・表現の評価事例 **16**

話すこと② 内容を整理して伝える

- -
小学6年　夏休みの思い出

1 指導目標

伝えたい内容を，整理して相手に伝えることができるようにする。

話すこと［発表］ イ

2 身につけさせたい力と評価

話したいことがあっても，それをただ話しても，相手によく伝わらない場合がある。そこで，あるまとまりのある内容を話す場合に，話す内容を一旦整理して，相手に伝える必要がある。整理して伝えることの大切さを指導するとともに，話すことの能力を測る。

3 評価規準

夏休みの思い出について，伝えたい内容を整理して相手に伝えている。

内容(3)① エ−(ウ)

4 ルーブリック評価

評価規準	大変よい（A）	よい（B）	努力を要する（C）
夏休みの思い出について，伝えたい内容を整理して相手に伝えている。	伝えたい内容を，整理して相手に伝え，所々，相手の理解度を確認しながら，話している。	伝えたい内容を，整理して相手に伝えている。	左記以外。

学習指導要領との関連

（目標）　⑷話すこと［発表］

　　イ　自分のことについて，伝えようとする内容を整理した上で，簡
　　　　単な語句や基本的な表現を用いて話すことができるようにする。

（内容）　思考力，判断力，表現力等　⑶①－エ 話すこと〔発表〕

　　㈡　簡単な語句や基本的な表現を用いて，学校生活や地域に関する
　　　　ことなど，身近で簡単な事柄について，自分の考えや気持ちなど
　　　　を話す活動。

5　単元の指導計画（8時間扱い）　　○評定につなげる評価　●形成的評価

時間	学習内容	評	評価方法
第1時	教師の夏休みの思い出を聞き，基本的な表現について知る。		
第2時	夏休みに行った「場所」を伝え合う。 C1：I went to the sea. C2：Oh, me too.　I went to Izu.		
第3時	夏休みに「見たもの」を伝え合う。		
第4時	夏休みに「食べたもの」を伝え合う。		
第5時	夏休みに「楽しんだこと」や「感想」を伝え合う。		
第6時	思い出絵日記（4コマ漫画）を書く。 ・伝えたいことを整理して描く。	●	ワークシート
第7時	夏休みの思い出を伝え合う。 〈パフォーマンス評価〉	○	パフォーマンステスト
第8時	到達度を確認する。〈単元末評価〉	○	ペーパーテスト（単元末テスト）

6 指導と評価の実際（第7時／8時間）

学習内容	児童の活動	○評価【方法】
1　挨拶・歌・曜日，日付，天気の確認　（5分）	・挨拶する。 ・歌を歌う。 ・曜日，日付，天気を言う。	
2　教師の夏休みの思い出を聞く　（3分）	・教師の絵日記を見ながら，教師の話を聞く。	

> **T**：Hello. I went to Shizuoka this summer.
> 　　Look at this. What's this?（絵①を見せる）
> **C**：Mt.Fuji.
> **T**：Yes. I went up Mt.Fuji with my family.
> 　　I saw a beautiful sunrise there.（絵②）
> 　　It was very beautiful. I was excited.
> 　　I ate a cup *ramen* on top of Mt.Fuji.（絵③）
> 　　Do you like cup *ramens*?
> **C**：Yes.
> **T**：I ate it and it was delicious. I went down the
> 　　mountain and I enjoyed *onsen*.（絵④）
> 　　It was hot and nice. Thank you.

学習内容	児童の活動	○評価【方法】
3　4コマ絵日記を描く　（12分）	・夏休みの思い出を4つ場面に整理し，絵を描く。	
4　発表　（25分）	・ペアで発表し合う。 ・4人1組の班で，発表する。	○伝えたい内容を，整理して相手に伝えている。 【パフォーマンステスト】

7 評価例「パフォーマンステスト」

My Summer Vacation

Class （　　） Number （　　） Name （　　　　　　　　）

1　夏休みの思い出を４つの場面に書きましょう。

2　絵を見せながら，あなたの夏休みの思い出を伝えましょう。

思考・判断・表現の評価事例 **17**

話すこと③　その場で伝え合う

- -
小学6年　夏休みの思い出

1　指導目標

既習事項を選択して，その場で考えや気持ちを伝えることができるように
する。
話すこと [やり取り]　イ

2　身につけさせたい力と評価

対話をする際，自分の気持ちをどのように伝えたらよいのか既習事項の中
から適切な言葉を選択しなくてはいけない。そこで，考えさせるために，
「～を使って話します」でなく，「～について話そう」という課題にする。

3　評価規準

住んでいる町について，その場で自分の考えや気持ちを伝え合っている。
内容(3)①　ウ-(ウ)

4　ルーブリック評価

評価規準	大変よい（A）	よい（B）	努力を要する(C)
住んでいる町について，その場で自分の考えや気持ちを伝え合っている。	既習事項を選択して，その場で**流暢に**（自然な対話ができている）考えや気持ちを伝えている。	既習事項を選択して，**その場でなんとか**（つまずきながらも）考えや気持ちを伝えている。	自分から話をすることはなく，主に聞き手に回っている。

学習指導要領との関連

（目標）（2)話すこと［やり取り］

　ウ　自分や相手のこと及び身の回りの物に関する事柄について，簡
　　　単な語句や基本的な表現を用いてその場で質問したり質問に答え
　　　たりして，伝え合うことができるようにする。

（内容）　思考力，判断力，表現力等　(3)①－ウ 話すこと［やり取り］

　㈡　自分に関する簡単な質問に対してその場で答えたり，相手に関
　　　する簡単な質問をその場でしたりして，短い会話をする活動。

5　単元の指導計画（8時間扱い）　　○評定につなげる評価　●形成的評価

時間	学習内容	評	評価方法
第1時	町にあるものを知る。 例）We have a big temple in our town.		
第2時	町になくて，町に欲しいものを伝える。 例）We have no swimming pools. 　　I want an indoor swimming pool.		
第3時	町に欲しいものの理由を考える。 例）I like reading. I want a big library.		
第4時	Small Talk「町にあるもの・欲しいもの」 〈中間評価〉	●	観察 振り返りカード
第5時	私の理想の町を発表する。		
第6時	町に欲しいものを町長に提案する。		
第7時	Small Talk「子ども議会で提案しよう」 〈パフォーマンス評価〉	○	パフォーマンステスト
第8時	到達度を確認する。〈単元末評価〉	○	ペーパーテスト （単元末テスト）

6 指導と評価の実際（第7時／8時間）

学習内容	児童の活動	○評価【方法】
1 挨拶・歌・曜日，日付，天気の確認 （5分）	・挨拶する。 ・歌を歌う。 ・曜日，日付，天気を言う。	
2 Small Talk （10分）	・Teacher's Talk を聞く。 　T：This is my ideal town. 　　I like movies, so I want five movie theaters. 　C：Really? .... ・先生の質問に答える。	○既習事項を選択して，その場で考えや気持ちを伝えている。 【パフォーマンステスト】
	T：What do you want in your town? C1：I want an amusement park. Children like it. T：Do you go to amusement parks? C1：Sometimes. T：Where do you go? C1：I go to Tokyo.	
	・ペアで，Small Talk する。	
3 子ども議会で町長に提案する （20分）	・ペアになり，片方が町長，片方が提案者になる。 ・2分で役割を交代する。	○既習事項を選択して，その場で考えや気持ちを伝えている。 【パフォーマンステスト】
4 振り返り （10分）	・ねらいに即し，自己評価する。	○同上 【振り返りカード】

7 評価例「パフォーマンステスト」

町にあるもの・欲しいもの

Class（　　）　Number（　　）　Name（　　　　　　　　　）

1　ペアで Small Talk しましょう。分かったことを書きましょう。

	話をした人	分かったこと・もっと知りたかったこと
1回目		
2回目		

2　子ども議会で提案しましょう！

【ねらい】今まで習った英語を出し切って2分間, 対話を続けましょう。

【めあて】

[　　　　　　　　　　　　　　　　　　　　　　　　　　　　]

3　ふり返り　　　　　　　　　　　　　　　　はい　　　いいえ

①習った英語を思い出して, 対話を続けましたか。　4　3　2　1

②自分の立てためあては達成できましたか。　　　　4　3　2　1

〔感想〕

[　　　　　　　　　　　　　　　　　　　　　　　　　　　　]

思考・判断・表現の評価事例 **18**

読むこと① 読んで情報を得る

小学6年　学校生活の思い出

1 指導目標

語句や文を読んで，必要な情報を読み取ること慣れ親しませるようにする。

読むこと　イ

2 身につけさせたい力と評価

学習指導要領の内容に，「(前略) 自分が必要とする情報を得る活動」とある (内容(3)①イ読むこと(ウ))。また，読むことと書くことについては，慣れ親しむことが外国語の目標に明示されている。そこで，あくまでも慣れさせることをねらいとし，指導・評価する。

3 評価規準

小学校生活の思い出を綴った文集を読み，書かれている情報を読み取っている。

内容(3)①　イ−(ウ)

4 ルーブリック評価

評価規準	大変よい（A）	よい（B）	努力を要する（C）
小学校生活の思い出を綴った文集を読み，書かれている情報を読み取っている。	語句や文を読んで，必要な情報を正確に読み取っている。	語句や文を読んで，必要な情報を概ね読み取っている。	話の必要な情報を読み取っていない。

学習指導要領との関連

（目標）　(2)読むこと

・　イ　音声で十分に慣れ親しんだ簡単な語句や基本的な表現の意味が
　　　　分かるようにする。

（内容）　思考力，判断力，表現力等　(3)①-イ　読むこと

・　(ウ)　日常生活に関する身近で簡単な事柄を内容とする掲示やパンフ
　　　　レットなどから，自分が必要とする情報を得る活動。

5　単元の指導計画（8時間扱い）　　○評定につなげる評価　●形成的評価

時間	学習内容	評	評価方法
第1時	学校行事の言い方について知る。		
第2時	印象に残っている学校行事について，伝え合う。 C1：What's your best memory? C2：My best memory is the Sports Day.		
第3時	印象に残っている学校行事の理由を伝え合う。 C1：I enjoyed the class relay. We won the race. I was happy.		
第4時	学校行事の思い出の絵を描き，2〜4文程度で，英語で作文を書く。		
第5時	Let's Read! 「My Best Memory を読もう」	○	観察 振り返りカード
第6時	Small Talk「中学校では何が楽しみ」		
第7時	単元を振り返る。		
第8時	到達度を確認する。〈単元末評価〉	○	ペーパーテスト （単元末テスト）

6 指導と評価の実際 （第5時／8時間）

学習内容	児童の活動	○評価【方法】
1　挨拶・歌・曜日，日付，天気の確認　（5分）	・挨拶する。 ・歌を歌う。 ・曜日，日付，天気を言う。	
2　Small Talk　（10分）	・Teacher's Talk を聞く。 ・ペアで「思い出に残る学校行事」という話題で話をする。	
	C1：What school events do you like? C2：I like music festival. C1：Music festival? C2：Yes. I like singing songs and I play the piano. I like music. How about you? C1：I like the school trip. I enjoyed *kaizokusen in Ashinoko*. C2：Yes. It's a good memory.	
3　作文を読み合う　（20分）	・4人1組のグループになる。 ・グループでお互いの作文を読み合う。 　・裏面に感想やよい所を書く。	○小学校生活の思い出を綴った文集を読み，書かれている情報を読み取っている。 【観察】
4　振り返り　（5分）	・ねらいに即し，自己評価する。	○同上 【振り返りカード】

7 評価例「単元末テスト」

外国語評価テスト

問題　6年3組の児童が小学校生活の思い出を英語アルバムに作成しました。①②に入る絵は，それぞれどれでしょうか。

School Trip
高橋健太

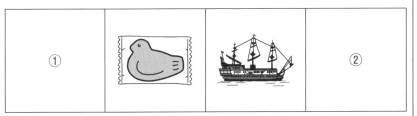

I went to Kamakura and Hakone. I saw a big *daibutsu*.

I ate *hato sabure*. It was delicious.

I went to Ashinoko. I enjoyed a pirate ship.

I went to Owakudani. I ate a black egg.

I enjoyed my school trip.

①（　　　　）　②（　　　　　）

思考・判断・表現の評価事例 **19**

読むこと② 読んで情報を得る

- -
小学6年 英語版テレビ番組

1 指導目標

英語版のテレビ番組表を見て，見たい番組を探す活動を通じ，英語を読むことに慣れ親しませるようにする。 **読むこと イ**

2 身につけさせたい力と評価

読むことをよりコミュニケーションを意識するために，「自分が必要とする情報を得るために読む活動」を行うようにする。

3 評価規準

英語版のテレビ番組表を見て，見たい番組を見つける等，必要な情報を読み取っている。 **内容(3)① イー(ウ)**

4 ルーブリック評価

評価規準	大変よい（A）	よい（B）	努力を要する（C）
英語版のテレビ番組表を見て，見たい番組を見つける等，必要な情報を読み取っている。	英語版のテレビ番組表を見て，見たい番組を探すのに<u>興味を持ち，意欲的に英語を読んでいる</u>。	英語版のテレビ番組表を見て，見たい番組を探しながら，英語を読むことに慣れ親しんでいる。	読もうとする姿勢があまり見られない。

学習指導要領との関連

（目標）　(2)読むこと

　イ　音声で十分に慣れ親しんだ簡単な語句や基本的な表現の意味が
　　　分かるようにする。

（内容）　思考力，判断力，表現力等　(3)①－イ 読むこと

　㋒　日常生活に関する文字化で簡単な事柄を内容とする掲示やパン
　　　フレットなどから，自分が必要とする情報を得る活動。

5　単元の指導計画（8時間扱い）　　○評定につなげる評価　●形成的評価

時間	学習内容	評	評価方法
第1時	Small Talk「有名人を紹介する」 C1：Who is your favorite singer? C2：I like Kimura Takuya.		
第2時	Let's Read!「My favorite person.」 ・好きな芸能人を紹介した英文を読む。		
第3時	好きなテレビ番組について話す。 C1：What do you want to watch? C2：I want to watch Sazae san.		
第4時	Let's Read!「好きなテレビ番組を選ぶ」 ・英語版の番組表を見て伝え合う。 〈パフォーマンス評価〉	○	観察 振り返りカード パフォーマンステスト
第5時	Small Talk「好きな食べ物」		
第6時	Let's Read!「外国の食事メニュー」		
第7時	Small Talk「何が食べたい？」		
第8時	到達度を確認する。		

6 指導と評価の実際（第4時／8時間）

学習内容	児童の活動	○評価【方法】
1 挨拶・歌・曜日，日付，天気の確認 （5分）	・挨拶する。 ・歌を歌う。 ・曜日，日付，天気を言う。	
2 Small Talk （15分）	・Teacher's Talk を聞く。	
	T：I usually go home at about 6:30. 　　　What time do you go home? **C1**：At 4. **T**：Really? What do you do after 4 o'clock? **C1**：I play with my friends. **T**：Good. I watch TV. I like drama. My favorite dramas are 浅見光彦. What TV programs do you like to watch? **C1**：I like anime. I like 名探偵コナン. **T**：I like it too. Let's talk about TV program.	
	・ペアで，Small Talk する。	
3 基本表現の確認 （5分）	・What do you want to watch? について理解する。	
4 英語版テレビ番組を読んでみたい番組を探す （15分）	・英語のテレビ番組を見て，見たい番組を探す。 ・ペアで見たい番組について英語で対話する。	○英語版のテレビ番組表を見て，見たい番組を見つける等，必要な情報を読み取っている。 【観察】
5 振り返り （5分）	・ねらいに即し，自己評価する。	○同上 【振り返りカード】

7　評価例「ワークシート」

English TV Program

Channel 1	Channel 2	Channel 3	Channel 4
4:30 Good Morning Nippon	5:30 Morning Info.	4:55 Morning TV	5:30 Morning News
8:00 Drama	6:00 News and Weather	8:00 News	6:00 Local News
8:15 Morning Info & News	10:30 Cooking Show	11:00 Morning Show; Hirunandesu	7:00 Morning Show
9:00 Drama	11:30 Anime; Nippon Mukashi Banashi	11:50 Weather & News	9:00 TV Shopping
10:00 News & Weather	12:00 News Plus	12:00 Cooking	11:00 Wide Show; Scramble
12:20 Lunch Show 45 Drama	1:00 Drama; Mistery Tour in Hokkaido	1:00 Samurai Drama; Mito Komon	12:00 News
1:00 Afternoon Talk 30 Music	3:30 News	3:00 TV Shopping	13:00 Suspense Drama; Akechi Kogoro
2:30 Shogi	5:30 Weather News	5:00 Anime; Meitantei Conan	15:00 Sports; Tennis
4:00 News & Weather	6:00 News	6:00 Evening News	17:00 Sumo
5:00 Local News & Topics	7:00 Anime; Doraemon	7:00 Sports; Baseball Game Giants vs Lions	6:00 Anime; Sazae san
6:00 English	7:30 Anime; Kureyon Shinchan	9:00 News	6:30 Anime; Chibi Marukochan
7:00 News	8:00 Quiz Show	10:00 Matayoshi & Hamada's Variety Show	7:00 Music Show
9:00 Quiz: Do you know?	9:00 The Music Show		9:00 Boxing
10:00 Sports News	10:00 Drama		11:00 News
11:00 Drama; Aini Ikimasu			12:00 Weather News

思考・判断・表現の評価事例 **20**

読むこと③　読んで情報を得る

小学6年　ポスターを読む

1　指導目標

ポスターを見て，必要な情報を読み取り，内容を整理するようにする。

読むこと　イ

2　身につけさせたい力と評価

学習指導要領の内容に，「（前略）自分が必要とする情報を得る活動」とある。また，読むことと書くことについては，慣れ親しむことが外国語の目標に明示されている。慣れさせることを主眼に，指導・評価する。

3　評価規準

ボランティアに関するポスターを見て，必要な情報を読み取っている。

内容(3)①　イー(ウ)

4　ルーブリック評価

評価規準	大変よい（A）	よい（B）	努力を要する（C）
ボランティアに関するポスターを見て，必要な情報を読み取っている。	ポスターを見て，必要な情報を**正確に**（90％以上）読み取り，内容を整理している。	ポスターを見て，必要な情報を**概ね**（80％程度）読み取り，内容を整理している。	必要な情報を読み取っていない。

学習指導要領との関連

（目標）　(2)読むこと

　イ　音声で十分に慣れ親しんだ簡単な語句や基本的な表現の意味が分かるようにする。

（内容）　思考力，判断力，表現力等　(3)①－イ　読むこと

　(ウ)　日常生活に関する文字化で簡単な事柄を内容とする掲示やパンフレットなどから，自分が必要とする情報を得る活動。

5　単元の指導計画（8時間扱い）　　　○評定につなげる評価　●形成的評価

時間	学習内容	評	評価方法
第1時	Small Talk「週末に何したいか」 C1：What do you want to do this weekend? C2：I want to play soccer.		
第2時	七夕の短冊に願い事を書く。 例）I want to go to America.		
第3時	Small Talk「暇な時，何するのが好き」 C1：What do you like to do in your free time? C2：I like watching TV.		
第4時	色々なボランティアについて知る。		
第5時	Let's Read!「ボランティア募集を読む」	○	観察 振り返りカード
第6時	Small Talk「今夜何をしたい」		
第7時	Small Talk「何が食べたい？」		
第8時	到達度を確認する。〈単元末評価〉	○	ペーパーテスト （単元末テスト）

6 指導と評価の実際 (第5時／8時間)

学習内容	児童の活動	○評価【方法】
1 挨拶・歌・曜日，日付，天気の確認 (5分)	・挨拶する。 ・歌を歌う。 ・曜日，日付，天気を言う。	
2 Small Talk (10分)	・ボランティアについての教師の体験を聞く。 ・どんなボランティアがしたいか友達と話し合う。	
3 パンフレットを読む (15分)	・ボランティア募集についてのパンフレットを読む。 ・個人で難しい場合は，ペアやグループで読み合う。	○語句や文から必要な情報を読み取っている。 【観察】 ・友達と協力したり，個人で読み取ったりしながら，必要な情報が得られているか確認する。
4 内容の確認 (10分)	・パンフレットから，次の情報を確認する。 　いつ　　どこで 　何をするボランティアか 　持ってくるもの　等	
5 振り返り (5分)	・今日の学びを振り返る。	○同上 【振り返りカード】

7 評価例「単元末テスト」

外国語評価テスト

問題1 学校にボランティア募集のポスターが届きました。それを見て，
下の表をうめましょう。

ポスター1　　　　　　　　　　　ポスター2

Let's play with Children!  Sing songs! Enjoy games! Play dodgeball! Date: Sunday, November 13th Time : 8:30 a.m. – 4:30 p.m. Place: Ogaki Park Notes: Bring your own lunch.	Clean up Project! 　Come to Nagara River! Make our river clean!  Date: Saturday, October 3rd Time : 8:30 a.m. – 10:30 p.m. Notes: Bring a plastic bag. Don't forget to wear a cap.

	ポスター1	ポスター2
開さい日		
場所		
持ってくるもの		
活動内容		

思考・判断・表現の評価事例 **21**

書くこと①　例文を参考に書く

- -
小学6年　My Best Memory

1　指導目標

　音声で十分に慣れ親しんだ簡単な語句や基本的な表現を用いて，4文程度で，学校生活の思い出を書くことができるようにする。　　　　**書くこと　イ**

2　身につけさせたい力と評価

　例文を参考に，自分の思いや考えを書くことができるようにする。

3　評価規準

　学校生活の思い出について，簡単な語句や基本的な表現を用いて書いている。　　　　　　　　　　　　　　　　　　　　　　**内容(3)①　エ—(エ)**

4　ルーブリック評価

評価規準	大変よい（A）	よい（B）	努力を要する(C)
学校生活の思い出について，簡単な語句や基本的な表現を用いて書いている。	音声で十分に慣れ親しんだ簡単な語句や基本的な表現を用いて，**4文程度で**，学校生活の思い出を書いている。	音声で十分に慣れ親しんだ簡単な語句や基本的な表現を用いて，**2～3文で**，学校生活の思い出を書いている。	なかなか書いていない。

学習指導要領との関連

（目標）　(5)書くこと

　　イ　自分のことや身近で簡単な事柄について，例文を参考に，音声
　　　で十分に慣れ親しんだ簡単な語句や基本的な表現を用いて書くこ
　　　とができるようにする。

（内容）　思考力，判断力，表現力等　(3)①－エ　書くこと

　　(エ)　相手に伝えるなどの目的をもって，名前や年齢，趣味，好き嫌
　　　い内，自分に関する簡単な事柄について，音声で十分に慣れ親し
　　　んだ簡単な語句や基本的な表現を用いた例の中から言葉を選んで
　　　書く活動。

5　単元の指導計画（8時間扱い）　　○評定につなげる評価　●形成的評価

時間	学習内容	評	評価方法
第1時	学校行事の言い方について知る。		
第2時	印象に残っている学校行事を伝え合う。 C1：What's your best memory? C2：My best memory is the Sports Day.		
第3時	印象に残っている学校行事の理由を伝え合う。 C1：I enjoyed the class relay. We won the race. I was happy.		
第4時	学校行事の思い出の絵を描き，2〜4文程度で，英語で作文を書く。	○	ワークシート 振り返りカード
第5時	My Best Memory を読み合う。		
第6時	Small Talk「中学校では何が楽しみ」		
第7時	単元を振り返る。		
第8時	到達度を確認する。〈単元末評価〉	○	ペーパーテスト （単元末テスト）

6 指導と評価の実際（第4時／8時間）

学習内容	児童の活動	○評価【方法】
1 挨拶・歌・曜日，日付，天気の確認 （5分）	・挨拶する。 ・歌を歌う。 ・曜日，日付，天気を言う。	
2 Small Talk （10分）	・Teacher's Talk を聞く。 ・ペアで「思い出に残る学校行事」という話題で話をする。 **C1**：What school events do you like? **C2**：I like music festival. **C1**：Music festival? **C2**：Yes. I like singing songs and I play the piano. I like music. How about you? **C1**：I like the school trip. I enjoyed *kaizokusen in Ashinoko*. **C2**：Yes. It's a good memory.	
3 学校生活の思い出を英文で書く （25分）	・学校生活の思い出を1つ選び，思い出について印象に残る場面を2つ描く。 ・例文や語句を参考に思い出に残る学校行事について4文程度で書く。	○学校生活の思い出について，簡単な語句や基本的な表現を用いて書いている。 【ワークシート】
4 振り返り （5分）	・ねらいに即し，自己評価する。	○同上 【振り返りカード】

7 評価例「ワークシート」

My Best Memory

My best memory is

I enjoyed

主体的に学習に取り組む態度の評価事例 **22**

自らの学習を調整しようとする側面

－－－－－－－－－－－－－－－－－－－－－
小学6年　Small Talk

1　指導目標

　相手を変えて Small Talk を行うことで，自分の発言をよりよく調整していくようにする。

2　身につけさせたい力と評価

　1回目よりも2回目，2回目よりも3回目の方がよりよくなっていくように自らの学習を調整していく力をつける。

3　評価規準

　相手を変えて Small Talk を繰り返しながら，自分の発言をよりよく調整しようとしている。

4　ルーブリック評価

評価規準	大変よい（A）	よい（B）	努力を要する(C)
相手を変えて Small Talk を繰り返しながら，自分の発言をよりよく調整しようとしている。	相手を変えて Small Talk を行うことで，自分の発言をよりよく調整し，次に活かそうとしている。	相手を変えて Small Talk を行うことで，自分の**発言をよりよく調整しようとしている。**	左記以外は，空白評価。

学習指導要領との関連

（外国語の目標）

⑶　外国語の背景にある文化に対する理解を深め，他者に配慮しなが
　　ら，主体的に外国語を用いてコミュニケーションを図ろうとする態
　　度を養う。

5　単元の指導計画（8時間扱い）　　○評定につなげる評価　●形成的評価

時間	学習内容	評	評価方法
第1時	食べたいものについて話す。		
第2時	Small Talk「好きな食べ物」	○	振り返りカード
第3時	健康的な食べ物について話す。		
第4時	Small Talk「どこに食べに行きたい」	○	振り返りカード
第5時	日本食と西洋料理どっちが好き？		
第6時	Small Talk「どこに行きたい」	○	振り返りカード
第7時	単元を振り返る。		
第8時	到達度を確認する。		

振り返りカード例

◆Small Talk を通じて，あなたが成長したところはどこですか。
　Small Talk を振り返って，書いてみましょう。
◆今日，勉強してみて，家に帰って復習したいことは何ですか。
◆次の時間は，どんなことができるようになっていたいですか。
　また，そのために，あなたは何をしますか。

6 指導と評価の実際 (第4時／8時間)

学習内容	児童の活動	○評価【方法】
1 挨拶・歌・曜日, 日付, 天気の確認 (5分)	・挨拶する。 ・歌を歌う。 ・曜日, 日付, 天気を言う。	
2 Small Talk (10分)	・Teacher's Talk を聞く。	
	T：Look at this. I always eat rice and *miso* soup for breakfast. I like Japanese food very much. Sometimes I go out and eat Chinese food, Italian food, Western food. What kind of food do you like? **C1**：I like Chinese food. I like *ramen*. **T**：Where do you eat for *ramen*? **C1**：Gifu *tanmen*! It's delicious.	
	・ペアで Small Talk する。 ・終わったら振り返る。	○相手を変えて Small Talk を行うことで, 自分の発言をよりよく調整する。 【ワークシート】
3 本時の学習 (30分)	・世界のお祭りで行ってみたい場所を伝え合う。(省略)	
4 振り返り (5分)	・ねらいに即し, 自己評価する。	○同上 【振り返りカード】

7 評価例「ワークシート」

Small Talk「何を食べたい？どこで食べる？」

友達と Small Talk をしてどんなことが分かりましたか。また，次はどんなことを話したいですか。

名前	分かったこと	どんなことを話したいか

ふり返ってみましょう　　　　　　　　　　　　　　　　はい　　　　　　いいえ

①自分から進んで英語を話そうとしましたか。　　　4　3　2　1

②分からない表現があっても，ジェスチャーや，

　ほかの方法で伝えようとしましたか。　　　　　4　3　2　1

③相手のことを考え，相づちをうったり，

　反応したり，積極的に質問したりしましたか。　4　3　2　1

主体的に学習に取り組む態度の評価事例 23

粘り強い取組を行おうとする側面

小学5年　英語を聞く

1　指導目標

最後まであきらめずに聞こうとすることができる。

2　身につけさせたい力と評価

話を聞いて，分からないことがあっても，あきらめることなく，分からないことは聞き返したり，質問したり，理解したことを確認したりすることを小学生レベルで，できるようにしたい。

3　評価規準

世界の子どもたちの生活の様子の動画を見て，最後まであきらめずに聞こうとしている。

4　ルーブリック評価

評価規準	大変よい（A）	よい（B）	努力を要する(C)
世界の子どもたちの生活の様子の動画を見て，最後まであきらめずに聞こうとしている。	<u>難しい内容であっても，推測したり，尋ねたりしながら</u>，最後まであきらめずに聞こうとしている。	最後まであきらめずに聞こうとしている。	左記以外は，空白評価。

学習指導要領との関連

（外国語の目標）

⑶　外国語の背景にある文化に対する理解を深め，他者に配慮しながら，主体的に外国語を用いてコミュニケーションを図ろうとする態度を養う。

5　単元の指導計画（8時間扱い）　　　○評定につなげる評価　●形成的評価

時間	学習内容	評	評価方法
第1時	日本の四季について話す。		
第2時	日本の行事・お祭りについて聞く。		
第3時	世界の行事・お祭りについて知る。		
第4時	世界のお祭りで行ってみたいところはどこか伝え合う。	○	観察 振り返りカード
第5時	世界の子どもたちの生活を聞く。		
第6時	自分の生活について伝えたり，目標を伝え合ったりする。		
第7時	単元を振り返る。		
第8時	到達度を確認する。		

振り返りカード例

◆少し難しい内容であっても，最後まで英語を聞こうとしましたか。

◆英語が分からなかった時に表情で伝えたり，質問したりしましたか。

◆英語を聞いて分からない時はどうするといいですか。

◆世界の子どもたちの生活の動画を見て，内容が分かりましたか。

6 指導と評価の実際 （第4時／8時間）

学習内容	児童の活動	○評価【方法】
1 挨拶・歌・曜日, 日付, 天気の確認 （5分）	・挨拶する。 ・歌を歌う。 ・曜日, 日付, 天気を言う。	
2 Small Talk （10分）	・Teacher's Talk を聞く。 ・ペアで Small Talk する。	
	C1：Hello. **C2**：Hello. Do you like festivals? **C1**：Yes. I like summer festivals. **C2**：What do you eat? **C1**：Festival? I like shaved ice, cotton candies, *yakitori* and ... **C2**：So many! **C1**：How about you? **C2**：I like festivals. I like fireworks. They are beautiful.	
	・終わったら振り返る。	
3 本時の学習 （25分）	・世界の子どもたちの生活を動画でみて, 知る。 ・自分たちと生活を比べる。 ・世界の子どもたちに質問したいことを書く。	○最後まであきらめずに聞いている。 【観察】
4 振り返り （5分）	・ねらいに即し, 自己評価する。	○同上 【振り返りカード】

7 評価例「ワークシート」

世界の子どもたちは
どんな生活をしているのかな？

動画を見て，分かったこと，思ったこと，気づいたことなどを書きましょう。

	分かったこと・思ったこと・気づいたこと
1	
2	
3	
4	

ふり返ってみましょう　　　　　　　　　　　はい　　　　いいえ
　①最後まで話を聞こうとしましたか。　　　　4　3　2　1
　②分からないことがある時，どんな話か
　　想像してみたり，推測したりしましたか。　4　3　2　1
　③分からないことがある時，あなたはどうしますか。

リスニングスクリプト

問題1

Shop owner ：Hello. Welcome to my ABC shop. How may I help you?

Taku ：How much is the apple?

Shop owner ：Two dollars.

Taku ：How about orange?

Shop owner ：It's one dollar.

Taku ：Good. What's this pink one?

Shop owner ：It's a dragon fruit. It's sweet and juicy.

Taku ：How much is it?

Shop owner ：It's 2 dollars.

Taku ：Nice. How much is this watermelon?

Shop owner ：It's 10 dollars.

Taku ：It looks delicious. How much are these grapes?

Shop owner ：They are 8 dollars.

問題2

Shop owner ：Where are you from?

Taku ：I'm from Japan.

Shop owner ：What's your name?

Taku ：I'm Taku.

Shop owner ：Taku, what do you want?

Taku ：OK. One dragon fruit, three apples, two oranges, please.

Shop owner ：What's your name, little princess?

Saki ：I'm Saki.

Shop owner ：What do you want?

Saki ：I want one orange, one apple and one watermelon, please.

【著者紹介】
瀧沢　広人（たきざわ　ひろと）
1966年東京都東大和市に生まれる。埼玉大学教育学部小学校教員養成課程卒業後，埼玉県公立中学校，ベトナム日本人学校，公立小学校，教育委員会，中学校の教頭職を経て，現在，岐阜大学教育学部准教授として小学校英語教育の研究を行う。
主な著書は，『小学校英語サポートBOOKS　絶対成功する！外国語活動・外国語5領域の言語活動＆ワークアイデアブック』，『小学校英語サポートBOOKS　Small Talkで英語表現が身につく！小学生のためのすらすら英会話』，『小学校英語サポートBOOKS　導入・展開でクラスが熱中する！小学校英語の授業パーツ100』，『小学校英語サポートBOOKS　英語教師のためのTeacher's Talk & Small Talk入門―40のトピックを収録！つくり方から使い方まで丸ごとわかる！』（以上　明治図書）他多数。

〔本文イラスト〕木村美穂

小学校英語サポートBOOKS
単元末テスト・パフォーマンステストの実例つき！
小学校外国語活動＆外国語の
新学習評価ハンドブック

2020年3月初版第1刷刊　©著　者　瀧　沢　広　人
2020年6月初版第3刷刊　　発行者　藤　原　光　政
　　　　　　　　　　　　発行所　明治図書出版株式会社
　　　　　　　　　　　　　　http://www.meijitosho.co.jp
　　　　　　　　　（企画）木山麻衣子（校正）吉田　茜
　　　　　　　　　〒114-0023　東京都北区滝野川7-46-1
　　　　　　　　　振替00160-5-151318　電話03(5907)6702
　　　　　　　　　　　ご注文窓口　電話03(5907)6668
＊検印省略　　　　　　組版所　長野印刷商工株式会社

Printed in Japan　　　　　　ISBN978-4-18-315322-7
もれなくクーポンがもらえる！読者アンケートはこちらから